Barbara Mazzarella

Gesunde Kinder mit Bach-Blüten

WILHELM HEYNE VERLAG
MÜNCHEN

HEYNE RATGEBER
08/5065

aus dem Italienischen von Sylvia Antz

Titel der Originalausgabe:
Fiori di Bach per i Bambini
erschienen bei Xenia Edizioni; Milano

Umwelthinweis:
Dieses Buch wurde auf
chlor- und säurefreiem Papier gedruckt.

2. Auflage

Printed in Germany 1997
Umschlaggestaltung: Atelier Adolf Bachmann, Reischach
Umschlagillustration: The Image Bank/David Brownell, München
Satz: prosatz, Vladimir Pospischil, Stadtbergen
Druck und Bindung: Ebner Ulm

ISBN 3-453-11476-0

Inhalt

Ich widme dieses Buch meinem Sohn
Tommaso, weil er einzigartig ist
und der beste Sohn, den man sich wünschen kann ...
... und allen Müttern, in der Hoffnung, daß
sie sich schon bewußt sind, daß »jedes
Kind« in seiner Einzigartigkeit das
beste Kind ist, das es gibt!

Ich danke Milla und Francesca, daß sie mich durch ihr Vertrauen »gezwungen« haben, dieses Buch zu schreiben.

Ich danke Paolo und Sergio, die als wackere Schutzengel mir immer, auch in den schwierigsten Augenblicken, geholfen und mein »Licht« genährt haben ...

... und ich danke meinem Mann Luciano für seine Geduld und Unterstützung.

Einleitung

Ich weiß nicht, ob Sie dieses Buch gekauft haben, weil Sie mehr über die Ideen und die Methode Dr. Bachs wissen wollen. Wenn dem so ist, sehr gut; andernfalls möchte ich Sie bitten, eine der zahlreichen Veröffentlichungen über dieses Thema zu lesen, die im Handel erhältlich sind. Dies ist unerläßlich, da es sich beim vorliegenden Band um eine Vertiefung handelt, die nur Kinder betrifft. Ich hoffe, daß die Lektüre dieses Buches Sie neugierig macht und dazu anregt, noch weiter in die einfache, faszinierende Methode Dr. Bachs einzudringen.

Um die Wahrheit zu sagen, habe ich keine Lust, noch einmal all das niederzuschreiben, was bereits von so vielen anderen geschrieben worden ist, die jedoch das Thema »Kinder« nur im Anhang abhandeln, während ich Ihnen darüber so viel mitzuteilen habe, da ich seit 20 Jahren in Mailänder Kindergärten arbeite. Ich kenne mich also gut in diesem Thema aus, nicht so sehr aufgrund eines Studiums, sondern aufgrund meiner praktischen Erfahrung.

Bevor wir uns mit der Methode der Bach-Blüten näher befassen, will ich Ihnen kurz vom Leben Dr. Edward Bachs berichten: Wenn Sie mehr über ihn wissen, werden Sie mit Sicherheit von seiner wunderbaren Persönlichkeit fasziniert sein.

Wer war Edward Bach? Bevor er Arzt wurde, war er natürlich ein – Kind! Ein sehr sensibles Kind, das die Natur liebte und in jedem Ding eine Seele erkannte: in einem Schmetterling, einem Grashalm oder im Wasser eines Baches. Seine Sensibilität brachte ihn dazu, am Leid anderer teilzuhaben, so daß er bereits mit sechs Jahren beschloß, Arzt zu werden, weil er fühlte, daß die Aufgabe seines Lebens darin bestand, Leiden zu lindern.

Bevor er sein Examen in Medizin machte, arbeitete er auch in der Fabrik seines Vaters, und dort wurde er sich noch mehr der Angst bewußt, die Krankheit bei den Menschen auslöst, zumal damals »nicht arbeiten« = »keinen Lohn bekommen« bedeutete, und ohne Geld konnte man nicht zu einem Arzt gehen.

Edward Bach wurde 1886 in einer englischen Kleinstadt in der Nähe von Birmingham geboren und promovierte 1912. Er war Immunologe und wurde homöopathischer Arzt, entdeckte die »Nosoden«, die immer noch von der homöopathischen Medizin verwendet werden, war aber damit noch nicht zufrieden.

Bach, der Spritzen als eine blutige Behandlungsmethode ansah, suchte eine Antwort in der Natur. Wie Hahnemann, der Vater der Homöopathie, ging er von dem Axiom aus: »Behandle den Menschen, den Kranken, und nicht die Krankheit.« Seine Intuition veranlaßte ihn, in dem vollkommenen Plan der Schöpfung nach der Möglichkeit zu suchen, daß jeder Mensch sich selbst heilen könne. Da er zu der festen Überzeugung gelangt war, daß Krankheit nichts anderes sei als ein Zeichen für das Ungleichgewicht zwischen Seele und Persönlichkeit, identifizierte er in verschiedenen Blüten die positiven Potenziale, die er suchte.

Er gab eine eingeführte Arztpraxis und eine brillante Karriere auf, vernichtete all seine vorausgegangenen Forschungsergebnisse und ging nach Wales, wo er im Häuschen seiner Großeltern seine Mission in Angriff nahm und vollendete.

Damals war Edward Bach etwa 30 Jahre alt, und man hatte bei ihm eine unheilbare Krankheit diagnostiziert: Er habe noch drei Monate zu leben, so lautete das Urteil der Ärzte, aber so leicht gab er nicht auf ... Bach starb etwa 20 Jahre später, als er seine Arbeit und seine Aufgabe für beendet hielt.

Es war nicht leicht für ihn, Anerkennung für seine Forschungsergebnisse zu finden, weil ihm vor allem die konservative Ärzteschaft beträchtliche Hindernisse in den Weg legte, zumal er mit einer so einfachen Methode – die noch dazu für alle zugänglich war – brillante Ergebnisse erzielte. Damals beschloß er, sich aus dem Ärzteregister streichen zu lassen, er zog es vor, »Kräutersammler« zu werden, und machte unbeirrt weiter, mit wenigen Anhängern, die ihm halfen.

Die Vollendung seines Werkes verkündete er von seinem Bett aus, wo er heiter, aber arm starb, wie es solchen »Pionieren« fast immer widerfährt, doch wie Sie sich vorstellen können, machte auch das ihm nichts aus.

Ich denke, dies mag genügen, um Ihnen die Größe seiner Persönlichkeit und die Schönheit seiner Seele verständlich zu machen.

Die Bach-Methode beruht auf der Unterscheidung verschiedener Charaktertypen bei uns Menschen mit Merkmalen, die, wenn sie harmonisch und im Gleichgewicht sind, unsere guten Eigenschaften fördern, unsere Entwicklung gewährleisten und uns gesund erhalten können – und zwar dank des Kontaktes mit unserem höheren Selbst. Einfacher ausgedrückt: »Wenn wir auf unsere Seele hören, handeln wir nur zu unserem Wohl.«

Negative Gefühle wie Angst, Furcht, Einsamkeit, Wut, Mißtrauen, Pessimismus, Enttäuschung – je mehr man davon empfindet, um so mehr gibt man davon ab, da jedes einzelne das andere erzeugt – entfernen uns von unserer Mitte, lassen uns schlecht mit uns selbst und mit den anderen leben. In der Praxis verlieren wir den Kontakt mit unserer inneren Führung und gehen einen mühsamen Weg, weil wir uns weigern, unseren göttlichen Funken, unsere Zugehörigkeit zum Kosmos, zu erkennen. Und dann entsteht ein Unbehagen, das uns davor warnen will, daß etwas nicht stimmt, und wenn wir das nicht verstehen, kommt die Krankheit, »in sich wohltuend«, wie Bach sagt, weil sie uns auf endgültigere Weise mitteilt, daß wir unser Gleichgewicht wiederfinden müssen und können.

Aber was hat das alles mit Blüten zu tun? Nun, Bach entdeckte in einigen Blüten die geeigneten Schwingungen, die dieses Gleichgewicht wiederherstellen können: für jeden Menschentyp bzw. jedes Gefühl gibt es die Antwort, nach der er jahrelang gesucht hat.

Eine Blüte für jeden von uns? Ja und nein, in dem Sinne, daß wir eine bestimmte Blume »sind« (wer die »Blütentherapie-Sprache« spricht, sagt: »Dieser ist typisch *Beech*«, so wie ein Homöopath sagen könnte: »Jener ist Pulsatilla«). Also sind wir eine Blüte, aber es ist auch möglich, daß man mehrere Blüten nehmen muß, und hier wird das Ganze noch faszinierender, aber es ist nicht so kompliziert, wie es scheinen mag.

Ich gebe Ihnen ein Beispiel, das man sofort versteht: ich bin *Vervain,* das heißt begeisterungsfähig bis zur Übertreibung, möchte die anderen von dem überzeugen, woran ich glaube (siehe dieses Buch), ich bin bereit, viel zu tun, bin sehr geräuschvoll und kann keine Ungerechtigkeit ertragen. Aber in diesem Augenblick brauche ich Vertrauen, um diese Arbeit zu Ende zu bringen, und so füge ich *Larch* hinzu, und da ich noch andere drückende Verpflichtungen habe, gebe ich auch *Elm* in mein Fläschchen.

Alles klar? Nein? Das ist gut so, denn dann wird der Zweifel Sie dazu anregen, die Bach-Methode auszuprobieren und sich darin weiterzubilden. Gewißheiten sind mir nicht sehr sympathisch, außer dieser, die Sie sich bitte gut in ihren Verstand einprägen sollen (weil es der Verstand ist, der uns gewöhnlich hemmt, nicht die Intuition):

- Ein falsches Blütenmittel zu nehmen ist kein Unglück, es ist, wie wenn man mit dem falschen Schlüssel aufschließt; die Tür bleibt geschlossen, das Schloß wird aber nicht beschädigt. Das Schlimmste, was passieren kann, ist – nichts, man erzielt nicht die gewünschte Wirkung und versucht es dann eben mit einem anderen Blütenmittel.

Zum Beispiel verabreicht man einem Kind *Elm*, weil ihm die Schule schwerfällt, es wirklich überlastet und müde scheint, aber nichts bessert sich. Dann entdeckt man, daß der wahre Grund in der unterdrückten Wut gegenüber einem Lehrer liegt, man gibt *Holly*, und nach und nach löst sich der Knoten.

Ich möchte diese Einführung in die Methode der Bach-Blüten zwar kurz halten, aber wenn ich Ihnen nicht erkläre, wie man die Blüten zubereitet, und Sie auf andere Bücher verweise, laufe ich Gefahr, Ihre Versuche hinauszuzögern.

Haben Sie Vertrauen in sich selbst und in Ihre Sensibilität. Nehmen Sie *Larch* und *Cerato*, die Ihnen helfen werden, und *Impatiens*, damit Sie es nicht allzu eilig haben, Ergebnisse zu sehen. Und nun zur Zubereitung.

Bach-Blüten, vielmehr die »Blütenmittel«, sind heute in vielen homöopathischen Apotheken oder Drogerien erhältlich oder können in wenigen Stunden besorgt werden. Ein 10-ml-Fläschchen kostet etwa DM 32,80, aber es reicht lange Zeit und enthält eine Mischung aus Wasser und Weingeist, in der die »energetischen Schwingungen« der verschiedenen Blütenmittel gelöst sind. Es gibt 38 Blütenmittel, dazu das berühmte *Rescue*.

- Kaufen Sie sich in der Apotheke ein leeres Tropffläschchen (30 ml), füllen es bis zum Hals mit stillem Mineralwasser, und geben Sie zu Konservierungszwecken etwa 20 Tropfen Cognac oder Apfelessig hinzu (so verdünnt würden diese Substanzen nicht einmal einer Fliege schaden). Da die Blütenmittel auf keinem Fall im Kühlschrank aufbewahrt werden dürfen, ist diese Konservierungsmethode vor allem im Sommer wichtig, denn bei Hitze kann der Inhalt des Fläschchens leicht verderben.

- Nun nehmen Sie unser 30-ml-Fläschchen und geben in die fertige Lösung 2 (ich sagte: zwei) Tropfen jedes Blütenmittels, das Sie gewählt haben. Wenn es sich um Rescue handelt, setzen Sie 4 Tropfen zu.
- Geben Sie jedoch nicht mehr als 7 Tropfen in das Fläschchen, wenn Sie wirklich glauben, mehr nehmen zu müssen. Die 7 ist eine schöne Zahl (jeder Therapeut hat seine Theorie, meine ist die 7er), aber bei Kindern genügen auch 3 Tropfen.
- Träufeln Sie drei- oder viermal am Tag 4 Tropfen unter oder auf die Zunge (nicht mehr, weil das unnötig ist). Wenn Ihnen das nicht gelingt, können Sie die Tropfen auch in Wasser oder Fruchtsaft verdünnt einnehmen.

Sie werden sehen, daß auch die Kosten für die Zubereitung sehr niedrig sind, weil Sie mit den beiden Tropfen aus der »Stockbottle«(»Mutterflasche«) eine Dosis für circa zwei Wochen zubereitet haben. Außerdem (aber das dürfen Sie beim Apotheker nicht laut sagen) kostet das komplette Set der Bach-Blüten viel weniger als die einzelnen Fläschchen. Wenn sich nur einige Mütter zusammenschließen, lohnt sich der Kauf aller Blütenmittel: Die Frauen legen die Anschaffungskosten um und bilden ein Arbeitsgrüppchen, das zusammenarbeitet, Erfahrungen austauscht und dessen Mitgliederzahl mit der Zeit sicherlich wachsen wird. Außerdem sollten Sie nicht vergessen, daß auch für Sie die Einnahme der Blütenmittel Nutzen bringt, ebenso wie auch für Katzen, Hunde, Fische, Geranien und für alle Pflanzen, Schnittblumen usw.

Ich bitte Sie, die Beschreibung der verschiedenen Blütenmittel ab Seite 23 mehrmals durchzulesen, die – wie ich glaube – kurz, verständlich und auch unterhaltsam skizziert sind: das wird Ihnen dabei helfen, sie zu verinnerlichen und das Blütenmittel immer besser wiederzuerkennen.

Als Mutter möchte ich betonen, daß eine Mutter immer die beste Therapeutin für ihr Kind ist. Ich bin Löwe, und Sie wissen, wie Löwinnen für ihre Kinder sorgen; außerdem ist mein Aszendent Krebs, »die Mutter« par excellence, daher vertrauen Sie mir, haben Sie keine Angst, und zögern Sie nicht.

Die Bach-Blüten werden nicht nur Ihren Kindern, sondern auch Ihnen helfen, dessen bin ich mir fast sicher.

Allen Erzieherinnen rate ich, nicht skeptisch zu sein, sondern die Bach-Methode auszuprobieren: Warum nicht den Versuch wagen, das durch die Krankheit verlorengegangene Gleichgewicht im Körper wiederherzustellen, ganz abgesehen davon, daß dieser Versuch einfach, billig und stimulierend ist und darüber hinaus Ergebnisse zeigt? Wenn er auch nur in einem einzigen Fall Erfolg hätte, wäre es nicht umsonst.

Eine Art, das passende Blütenmittel zu wählen, die ich als »wissenschaftliche Methode« bezeichne (man muß dazu das ganze Set der Bach-Blüten haben), ist die folgende: Öffnen Sie die vier Schachteln des Sets, rufen Sie den Patienten, und bitten Sie ihn, sich ein oder mehrere Fläschchen auszusuchen, ganz wie er will. Mit großer Wahrscheinlichkeit wird er die richtigen in der richtigen Zahl wählen. Ganz einfach, stimmt's? Aber in der Natur ist alles einfach, wir sind es, die die Dinge komplizieren.

Versuchen Sie diese Methode, das Blütenmittel zu wählen, ruhig einmal, es kostet nichts! Dies gilt vor allem für jene von Ihnen, die nicht mehr an den Zufall glauben. Wenn Sie nicht daran glauben, macht das auch nichts: Gehen Sie auf die Weise vor, die Ihnen zusagt.

- Was tun, wenn das Kind die Blütenmittel nicht nehmen will? Ich fordere jeden heraus, mir das Gegenteil zu beweisen, der mir sagen will, daß ein Kind nicht bereit ist, 4 »Zaubertropfen« zu nehmen (nennen Sie sie niemals Medizin, das sind sie nicht. Nennen Sie sie Energie, Vitamin der Liebe, Zaubertrank von Asterix, Feuerwasser: Fantasie ist angesagt!)
- Wie ich bereits ausgeführt habe, kann man die Tropfen auch in ein Getränk träufeln oder auf das Kissen, in die Schuhe, auf die Kleider, in die Zimmerecken ... Nein, das finden Sie nirgendwo geschrieben (zumindest glaube ich das), aber versuchen Sie es, und setzen Sie keine Grenzen, wofür es keine Grenzen gibt.
- Wie lange soll das Blütenmittel angewendet werden? Das weiß ich nicht. Eine schöne Antwort, nicht? Aber eine ehrliche.

Im allgemeinen reagieren Kinder besser auf die Bach-Blüten als Erwachsene, da sie weniger mentale Sperren haben, nicht vorgewarnt sind oder hochgesteckte Erwartungen hegen, und das ist gut. Viel hängt von der Tatsache ab, daß jeder einzelne von uns seine individuell ganz unterschiedlichen Zeiten, Reaktionen, Blüten hat, die sich auch ändern werden, so wie alles sich ändert und wandelt. Dann kehren wir zurück, weil auch der zyklische Ablauf zu diesem Leben gehört. Ein entscheidender Faktor ist die Tiefe des Problems: Hier bestehen noch große Zweifel, an denen es zu arbeiten gilt.

In Büchern zur Bach-Blüten-Therapie wird häufig das Problem Kinder übergangen oder mit wenigen Worten abgehandelt. Ich finde es sinnvoll, das Gleichgewicht und die Harmonie der Kinder von klein an zu stabilisieren. Wenn wir damit beginnen, die negativen Zustände der Kleinen mit den Blüten zu behandeln, vielleicht werden wir dann weniger problematische Erwachsene bekommen. Und deswegen

»brüte« ich seit geraumer Zeit dieses den Kindern gewidmete Buch aus, in dem Sie, neben einer »fast« traditionellen Beschreibung der Blütenmittel, auch Ratschläge, Spiele und Tricks finden werden, die zusammen mit der Energie der Blüten dazu beitragen können, den Traum zu verwirklichen, der mich schon lange verfolgt: Wir werden geboren, um glücklich zu sein, vor allem als Kinder.

In erster Linie bin ich der Ansicht, daß jede Mutter und Erzieherin den Gebrauch der Bach-Blütenmittel kennen sollte, um rechtzeitig dort eingreifen zu können, wo die Blüten einige Probleme lösen können, ohne den Arzt einzuschalten. Aus persönlicher Erfahrung versichere ich Ihnen, daß gerade ein Placebo* ein kindliches Symptom gebührend in Ordnung bringen kann (aber denken Sie nicht, daß die Bach-Blüten nach dem Placebo-Prinzip funktionieren!). In meinem Leben als Erzieherin habe ich schon eine Menge Zuckerwasser mit Zaubertropfen verabreicht. Immer mit Erfolg! Manchmal werde ich von Müttern oder Großmüttern nach dem Namen der Tropfen gefragt, die gegen das Bauchweh geholfen haben, und dann verrate ich ihnen heimlich das Rezept: Wasser und Zucker und die geheimnisvolle Zutat, die man auch Aufmerksamkeit, Zuwendung, Liebe nennt!

Denken wir daran, daß häufig nur ein großes Bedürfnis nach Aufmerksamkeit die Feder ist, die den Mechanismus der Krankheit auslöst. Erinnern Sie noch daran, wie es war, als Ihre Mutter Ihnen den frisch gepreßten Orangensaft ans Bett brachte? Auch heute benutzen wir diesen Mechanismus, wenn wir »gehätschelt« werden wollen. Nicht, daß man sich schämen müßte, wenn man sich gerne hätscheln läßt, weshalb wir darauf achten sollten, daß zumindest die Kinder genügend liebkost werden – auch ohne daß sie deswegen zuvor Bauchweh bekommen müssen.

All jene, die in der Schule arbeiten, wo natürlich eine Ver-

---

* Placebo = Scheinmedikament

abreichung der Bach-Blüten schwierig zu bewerkstelligen ist, möchte ich daran erinnern, daß die Blütenmittel Schwingungsenergien sind und nicht unbedingt oral genommen werden müssen: Wenn es also zu Problemen führen könnte, einem Kind, das gestürzt ist, 4 Tropfen *Rescue* zu geben, können Sie auch das Eis für die Beule damit beträufeln oder Ihre Hände mit der Essenz einreiben und dann das Kind streicheln. Indem wir seine Tränen trocknen, lassen wir die wohltuende Schwingung des Erste-Hilfe-Mittels auf das Kind wirken.

Was die *Rescue Cream* von Dr. Bach betrifft, so ist es für mich fast schon unterlassene Hilfeleistung, sie nicht im Haus oder in der Schule zu haben. Ich sage immer, die Creme ist ausgezeichnet für alles, außer für Sandwiches, die schmecken besser mit Mayonnaise: Verbrennungen, Insektenstiche, blaue Flecken, Wunden, Juckreiz usw. werden durch den rechtzeitigen Gebrauch der Creme gelindert. Es ist eine nicht fettende Salbe auf homöopathischer Basis, die nicht riecht und *Rescue* und *Crab Apple* enthält. Das ist alles? Ja, aber es funktioniert. Wieso? Das weiß ich nicht, aber versuchen Sie es selbst.

Halten Sie sich immer vor Augen, daß die Bach-Blüten *keine Medikamente* sind, sie unterdrücken keine Symptome, allenfalls überfluten sie den Patienten mit der für ihn geeigneten Schwingungsenergie und stellen das durch die Krankheit verlorengegangene Gleichgewicht im Körper wieder her.

Zurück zur Schule: Hier können wir die Blütenmittel auf alle Arten einsetzen, die unsere Intuition uns eingibt. Ich nenne Ihnen ein paar Beispiele, die meiner Eingebung entsprungen sind, dann überlasse ich es Ihrer Kreativität: Erzieherinnen besitzen ja eine Menge davon.

Wo träufeln wir also die Blütenmittel hin? Auf das Tischtuch, in die Ecken des Klassenzimmers, in die Schuhe der Kinder, wir sprühen Sie auf die Möbel ... Sie fragen sich, warum? Ich sagte, es ist eine Frage der Intuition und der Liebe, nicht des Verstandes; der Verstand nützt hier nichts, aber glauben Sie mir: Wenn Sie meinen, daß ein paar Tropfen *Holly* auf den Boden geträufelt helfen können, Eifersucht und Aggressivität in der Klasse zu verringern, und Sie dies mit allen guten Absichten tun, um die Harmonie wiederherzustellen, so wird all das, was Ihr Einfühlungsvermögen Ihnen zu unternehmen eingibt, richtig und vor allem niemals schädlich sein.

Die Anwendung der Bach-Blütenmittel sollte vor der Geburt beginnen. Ja, während der Schwangerschaft, insbesondere an deren Ende, ist *Rescue* eine wirkungsvolle Hilfe für die Mutter und somit auch für das Kind, das noch Teil von ihr ist, um Angst und Spannung zu bekämpfen. Auch verschiedene andere Blütenmittel können in der Schwangerschaft erforderlich sein: *Scleranthus* bei Übelkeit, *Crab Apple* bei Schmutz- und Mikrobenobsession oder Angst vor Blut, *Mimolus,* wenn man allein schon bei dem Gedanken an einen Kreißsaal zittert, *Olive* bei besonders ermüdender Schwangerschaft oder Arbeitsüberlastung usw., unter Bezug auf die übliche Verabreichung der Blüten. (Wer diese nicht kennt, dem empfehle ich nochmals, eines der vielen im Handel erhältlichen Bücher zu lesen. Welches? Ich habe meine Vorlieben, Sie vertrauen bitte auf den Zufall, wenn Sie daran glauben, oder noch besser, lesen Sie alle.) Bei der Geburt wäre es wünschenswert, daß beide, Mutter und Kind, *Star of Bethlehem* nehmen, da die Geburt das erste Trauma ist, das alle Menschen erleben. Auch *Rescue* kann geeignet sein und enthält bereits *Star of Bethlehem*. *Walnut* ist sowohl während der Schwangerschaft als auch für die Geburt geeignet wegen seiner beschützenden Eigenschaften und weil es die Blüte der Veränderungen ist. Aber wie soll man die Blütenmittel Neugeborenen geben? Und dann, mit Cognac – sie werden ja betrunken! Ach was, von der Verdünnung von 4 Tropfen *Rescue* oder 2 Tropfen jedes anderen Blütenmittels in 30 cl Wasser, in einer Dosis von 4 x 4 Tropfen pro Tag würde nicht einmal eine Mikrobe berauscht. Auf jeden Fall kann die Mutter sie einnehmen, wenn sie das Kind stillt, oder sie gibt sie auf den Schnuller oder in das Fläschchen. Ich versichere Ihnen, auch wenn es wie ein Märchen klingen mag, die Tropfen helfen unglaublich.

Während des Entwöhnens tut *Red Chestnut* beiden gut, weil es hilft, sich »abzunabeln«, und weiterhin *Walnut,* da es sich ja wieder um eine Veränderung handelt. Nicht zu vergessen gegebenenfalls *Holly* für die Geschwister, auch wenn es Ihnen scheint, daß sie überhaupt nicht eifersüchtig auf das Neugeborene sind und sie es über alles lieben.

Nun ist der Moment gekommen, zur Beschreibung der einzelnen Blütenmittel überzugehen. Meine Absicht ist, betroffenen Menschen zu helfen, und ich werde versuchen, so klar wie möglich zu sein, daher werde ich die in der Alltagssprache üblichen Ausdrücke verwenden, auf die Gefahr hin, unwissenschaftlich zu erscheinen ... Nun gut, mir liegt an der Einfachheit, daher entschuldige ich mich bei all jenen, die gelehrte Abhandlungen lieben. Dies soll ein praktisches Handbuch für jedermann sein.

Auf den folgenden Seiten finden Sie die Beschreibung der verschiedenen Verhaltenstypen. Sie werden ohne Schwierigkeiten das Kind wiedererkennen können, das sich in den einzelnen Bach-Blüten widerspiegelt, oder jedenfalls das mentale Schema, das die Blütenenergie günstig beeinflußt. Daneben finden Sie die positiven Sätze, mit denen Sie arbeiten sollen. Im allgemeinen verwende ich sie bei Erwachsenen, und hier sollen sie eine Hilfe für Sie sein. Durch die Sätze erhalten Sie Vorschläge, wie Sie sich gegenüber dem Kind verhalten, wie Sie mit ihm reden sollen, weil sich in jedem Satz die richtige Botschaft verbirgt.

Ich habe auch kleine Erzählungen und Märchen »erfunden«, denn durch das Bild der Fabel erreichen die gültigsten und bezeichnendsten Botschaften das Unbewußte. Es soll eine Möglichkeit sein, mit dem Kind zusammenzusein, wenn Sie wollen als Gutenachtgeschichte oder beim entspannenden Vorlesen am Nachmittag. Nichts hindert Sie daran, diese Geschichten zu verändern, damit sie besser zu dem jeweiligen Fall passen. Ich rate Ihnen dann jedoch, einem dunkelhaarigen Kind mit grünen Augen nicht ausgerechnet den Namen Markus zu geben – wenn Ihr Kind Markus heißt und dunkle Haare und grüne Augen hat. Es darf ihm ähnlich sein, aber nicht gleichen; dann funktioniert das Bild und auch das Gleichnis.

Wenn Ihr Kind Pferde liebt, ist es gut, wenn in der Geschichte ein Kobold vorkommt, der gerne auf Libellen reitet. Im übrigen lassen Sie zu, daß die Kinder die Geschichten ergänzen und verändern, wie es ihnen gefällt: das wird ein wertvoller Interpretationsschlüssel für Sie sein.

Agrimony
Odermennig

Diese Blüte ist für jene Kinder, die sich leicht trösten, gutmütig sind, bereitwillig nachgeben, aber dann Fingernägel kauen oder den ganzen Nachmittag über irgend etwas in sich hineinstopfen. Sie neigen dazu, den Kasper zu machen, halten sich aber nicht allzu lange mit den Dingen auf.

Agrimony wirkt auch dort, wo »Abhängigkeiten« bestehen: von Bonbons, Schokolade, Windeln oder anderem. Es handelt sich um Kinder, die gerne ihr Spielzeug abgeben und niemals mit ihren Freunden streiten. Wenn dies passiert, sind sie sehr verstört, weil sie die Sympathie der anderen suchen.

Agrimony-Kindern muß man sagen, daß man sie so akzeptiert, wie sie sind, daß es eine Freude ist, mit ihnen zusammenzusein, da sie so gut und großzügig sind. In positivem Zustand sind sie richtige Spaßvögel, also teilen Sie ihre Freude, und lachen Sie mit Ihnen, aber vergessen Sie nicht, daß sie, im negativen Zustand, von der Angst gequält werden, nicht zu gefallen und verlassen zu werden, daß sie hypersensibel sind und häufig angespornt werden müssen.

Agrimony mit *Walnut* hilft ihnen beim Zahndurchbruch, während *Scleranthus* ihnen Stabilität bei Veränderungen im Zeitplan oder Reisen mit Anpassungsschwierigkeiten gibt.

Weitere Symptome bei diesen Kindern neben dem Nägelkauen können sein, daß sie sich ständig kratzen, sich berühren und Haare um den Finger wickeln.

Das Grundprinzip, auf dem gearbeitet werden muß, besteht darin, sie zu akzeptieren, daher muß man auf die Worte achten, die man diesen Kindern gegenüber gebraucht. Wir müssen sie vorbehaltlos lieben, damit sie lernen, sich selbst zu lieben und zu verstehen, daß sie in Ordnung sind, so wie sie sind, und sich nicht anpassen oder den Kasper machen müssen, um den anderen zu gefallen. Benutzen Sie immer bestätigende Sätze, auch wenn Sie einen tadeln müssen, und weisen Sie darauf hin, daß zwar die Tat schlecht ist, nicht aber der Täter. »Schau, wie bist du unordentlich« betont etwas Negatives für das Kind, während: »Dieses Zimmer ist wirklich unordentlich«, die Sache in den Vordergrund stellt und nicht das Kind.

Es klingt verrückt, aber in Wirklichkeit wird so verhindert, daß sich diese negativen mentalen Schemen aufbauen, die wir dann unser ganzes Leben lang mit uns herumschleppen.

Ich möchte daran erinnern, daß *Agrimony* ein typisches Kinderblütenmittel ist, weil Kinder fast ständig dazu neigen, ihre innere Qual zu verbergen. Was auch immer wir Erwachsene darüber denken, Kinder versuchen auf alle Arten, zu gefallen und akzeptiert zu werden. Selbst wenn uns scheint, als würden keine Probleme bestehen, sind diese häufig nur verhüllt.

Wenn das Kind zum Nägelkauen mit Wutanfällen oder besonderer Erregung, auch Auflehnung, neigt, können *Agrimony* und *Holly* gute Wirkung zeigen.

In allen Fällen, in denen eine Art von Abhängigkeit besteht, wird *Agrimony* von *Walnut* unterstützt, das Veränderungen begünstigt und »die Ketten sprengt«, wie Dr. Bach es zu nennen pflegte.

Agrimony	Ich bin in Frieden mit mir selbst. Ich zeige den anderen, wer ich wirklich bin. Ich bin ehrlich zu mir selbst und zu den anderen. Ich fühle mich wohl mit mir. Ich halte durch, ertrage es, wenn ich in einem Konflikt bin.

Alice, ihre Maske und ein goldener Spiegel

Alice war ein hübsches Mädchen, so wie viele andere auch, nett und intelligent wie all ihre Freundinnen, aber ... es gab ein Aber. Ja, Alice ging nie aus dem Haus, ohne ein Maske aufzusetzen. Warum, werdet ihr euch fragen? Es scheint, als fühlte Alice sich nie wohl, aber um so zu tun, als sei sie fröhlich, klebte sie sich diese Maske mit dem lächelnden Mund ins Gesicht, lachte wie ein Clown, so daß ihre Freundinnen sie ein bißchen zu albern fanden, aber da sie ihre Späße und Witze belustigten, wurde sie immer eingeladen.

Alice wollte keine Verabredung versäumen, mit anderen zusammenzusein war sehr wichtig für sie, und sie konnte nicht einmal ein paar Stunden alleine bleiben. Wenn dies geschah, war es eine Qual für sie, sie kaute an den Nägeln oder war ständig am Essen.

Ohne die Maske aus dem Haus zu gehen, davon konnte keine Rede sein, sie war nun eine Persönlichkeit. Und wenn der Kleister auf der Haut sie auch manchmal störte und sie Pickel davon bekam: entweder ging sie mit der lächelnden Maske aus oder gar nicht.

Eines Abends, auf dem Fest ihrer Freundin Elvira, hielt Alice Hof mit ihren Witzen und ihrem Gelächter und fragte sich, weshalb Elvira so ruhig sein konnte. Sie hatte ein blasses Gesicht, und man sah, daß ihre Locken nicht gut gelun-

gen waren, aber sie genoß das Fest in aller Ruhe, ohne sich etwas daraus zu machen.

Als es Kuchen gab, holte Elviras Mutter eine Menge Päckchen aus einer Kiste, das waren die Geschenke für die Gäste. Auch Alice nahm ihres und beschloß, es erst zu Hause zu öffnen. Kaum dort angekommen, machte sie das Päckchen auf: es war ein Spiegel mit goldenem Rahmen. Sie schaute sich an und bemerkte, daß sie noch die Maske trug, zog sie aus und wusch sich den Kleister ab, trug ein wenig Creme gegen den Juckreiz auf und kehrte zu ihrem Spiegel zurück.

Ihr müßt wissen, daß Alice sich nicht sehr gefiel – das haben wir schon verstanden – und sie ein bißchen Angst hatte, sich ohne Maske anzuschauen ... Aber sie dachte daran, daß Elvira sich nichts aus ihren mißratenen Locken gemacht hatte, und so schaute sie sich an!

Sie sah ein Mädchen mit einem traurigen, aber sehr lieben Gesicht, und ihr kam in den Sinn, daß niemand sie so sehen wollte, und sie begann zu weinen, so sehr, daß die Tränen den Knoten lösten, den sie immer in der Brust hatte. Da fand sie den Mut, sich noch einmal im Spiegel anzuschauen ... und eine Stimme sagte zu ihr: »Schau doch nur, Alice, wie schön du bist! Diese Alice, die echte, nicht die Clownsmaske. Du wirst geliebt, so wie du bist, du brauchst dich nicht so sehr anzustrengen, du hast genau die gleichen Rechte wie alle anderen Mädchen. Versuche morgen einmal, mit deinem wahren Gesicht auszugehen ...«

Alice antwortete: »Bist du verrückt? Dann werden alle die Pickel vom Kleister und meine rotgeweinten Augen sehen. Morgen bleibe ich den ganzen Tag zu Hause!«

»Ich verspreche dir, wenn du ohne Maske ausgehst, wird niemand deinen dummen Trick entdecken. Im übrigen ist ein sprechender Spiegel ja nicht gerade etwas, das man im nächsten Supermarkt kaufen kann, stimmt's? Glaubst du mir, wenn ich dir sage, daß ich Zauberkräfte habe und extra

zu dir gekommen bin, um dir begreiflich zu machen, daß die echte Alice besser ist als die maskierte? Wenn es nicht funktioniert, kannst du mich in tausend Stücke zerbrechen und es wieder so wie früher machen ...«

Alice versuchte es ... und was glaubt ihr? Heute hat der Spiegel einen Ehrenplatz in ihrem Zimmer.

Die erste Freundin, die ihr bei ihrem abenteuerlichen »unmaskierten« Ausflug begegnete, sagte zu ihr: »Wie du heute strahlst, entschuldige, wenn ich es dir sage, aber gewöhnlich lachst du und lachst, und manchmal kamst du mir richtig dumm vor. Heute sehe ich dich endlich mit neuen Augen ... Weißt du, daß du dich verändert hast?«

Alice dachte, daß es nicht an den Augen ihrer Freundin lag, sondern an ihr, daß sie neu war und der Spiegel recht hatte. Sie ging nach Hause, putzte ihn und dankte ihm, dann warf sie die Maske mitsamt dem Kleister in den Abfalleimer: »Ich danke auch euch, aber nun brauche ich euch nicht mehr. Wieviel Mühe weniger!«

Aspen
Espe

Aspen-Kinder wollen nicht alleine bleiben, fürchten sich vor Geistern, Räubern und Monstern, können es daher nicht ertragen, im Dunkeln zu sein, und wollen nicht ins Bett gehen. Letztendlich trägt das Fernsehen dazu bei, ihre Ängste zu nähren: zusammen mit *Rock Rose* bekämpft *Aspen* auch nächtliche Alpträume. *Aspen* ist ein Blütenmittel, das auch für jene hochsensiblen Kinder geeignet ist, die behaupten, etwas Eigenartiges zu »sehen« oder zu »spüren«, die von Märchen oder allem, was mit Zauberei zu tun hat, fasziniert sind, sich dann aber unbehaglich fühlen oder Bauchschmerzen bekommen. Sie schwitzen leicht, reden oder schreien im Schlaf, können Schlafwandler sein oder auch unter Magenschmerzen leiden.

Aspen kann (mit *Star of Bethlehem*) bei zerebralen Störungen helfen, wie sie bei Kindern festgestellt werden, die mißhandelt worden sind.

Kleine Kinder, die noch sehr »offen« sind, können in Kontakt mit höheren Ebenen stehen, und *Aspen* hilft ihnen, ihre Erfahrungen angstfrei zu erleben. Damit meine ich zum Beispiel den imaginären Freund. Es kann sein, daß sie ihn wirklich sehen, und wenn sie das einmal der Mutter mitteilen, hören sie womöglich ein »Bist du verrückt?«. Manchmal sind sie so sensitiv oder, wenn Ihnen das lieber ist, sensibel, daß sie sich nicht an bestimmten Orten aufhalten oder die Gegenwart bestimmter Leute nicht ertragen können, die herrschende Atmosphäre ist für sie dann eine Qual, und sie geraten in Erregung.

Ich brauche nicht zu sagen, daß wir ihre Ängste nicht noch nähren dürfen, indem wir ihnen mit dem schwarzen Mann oder der bösen Hexe drohen oder mit dem Jesuskind, die allesamt nichts Besseres zu tun haben, als kleine unschuldige Kinder zu bestrafen. Das soll nicht heißen, daß wir ihnen keine Märchen mehr vorlesen dürfen, aber wie immer sollten wir versuchen, alles zu erklären oder positiv darzustellen, was in ihrem Unbewußtsein unbegründete Ängste wecken könnte.

Es nützt nichts, diesen Kindern zu sagen, daß außer der Materie nichts existiert (vor allem weil es nicht wahr ist), da sie so intuitiv sind, daß sie uns nicht glauben – weil das Kind spürt, daß da etwas ist. Also besteht unsere Aufgabe darin, ihnen in einfachen Worten zu zeigen, wie positiv ihr Kontakt mit dem »Göttlichen« sein kann.

Es ist schädlich, negative Fantasien zu sehr zu nähren, aber wenn wir ihrem Wunsch nach Magie mit positiven Ritualen helfen, können wir viele Ängste »exorzieren«: der Schutzengel, der sie behütet, der »Zauberglanz« des Vollmonds, Gegenstände, die für sie einen spirituellen Symbolwert erhalten ... All das sind Dinge, an die auch ich heute noch fest glaube.

Was können wir noch verwenden, um unseren Kindern größtmögliche Sicherheit zu geben?

Abgesehen von den entsprechenden Blütenmitteln (bei Ängsten, Alpträumen: *Rock Rose, Mimolus, Aspen*) können wir auf ein paar Gegenstände zurückgreifen, die wir als »magisch« bezeichnen können. Wer von Ihnen besitzt keinen Glücksbringer, vielleicht einen Ring, einen Anhänger oder einen Stein, den man immer bei sich trägt, vor allem in besonders schwierigen Momenten?

Auch wir können, wenn wir wollen, die Fantasie gebrauchen wie die Kinder und uns kleine Geschenke ausdenken, denen wir eine wohltuende, beschützende Bedeutung geben ... das funktioniert, glauben Sie mir.

Ein Stein, ein Zauberkiesel von einer bestimmten Farbe, kann sie vor bösen Träumen beschützen. Sie können eine Schachtel mit bunten Steinen ins Kinderzimmer stellen, und abends darf das Kind sich einen aussuchen, den es in der Hand hält oder unter das Kopfkissen legt und der jeden bösen Gedanken aufnimmt und in wunderschöne Träume verwandelt.

Rituale sind ein ausgezeichnetes Mittel für einen ruhigen Schlaf. Zwischen Zähneputzen und Gutenachtgeschichte lassen Sie das Kind einen Stein aussuchen und, wenn Sie wollen, ein Gebet oder einen Reim sprechen, aber es muß immer derselbe Spruch sein. Es kann auch zu seinem Schutzengel beten, damit er es im Schlaf beschützt, aber ich möchte ihre religiösen Überzeugungen nicht in irgendeiner Weise beeinflussen.

In Findhorn, jener New-Age-Gemeinschaft in Nordschottland, werden häufig Engelskarten benutzt, ein Verfahren, um die Energie auf sich zu ziehen, die man braucht. Lassen wir unserer Kreativität freien Lauf und zeichnen zusammen mit unseren Kindern für sie geeignete »Karten«: eine ziehen und in die Tasche, den Ranzen oder unter das Kopfkissen stecken, das wird ohne weiteres einen Hauch von Magie herbeizaubern – warum nicht?

Aber welche Motive soll man nehmen? Ich habe Ihnen ein paar aufgezeichnet, aber Ihrer Fantasie und der Ihrer Kinder sind keine Grenzen gesetzt. Wenn Sie keine Engel mögen, nehmen Sie Kobolde, Feen, Sternchen, Gnome, kleine Tiere; ja, malen Sie so viele, wie sie wollen, lauter verschiedene, denn Sie brauchen nur ein Stück Karton, mehr nicht! Ich garantiere Ihnen, es könnte ein wahrer Segen sein – und sagen Sie jetzt nicht, »daran glaube ich nicht«. In erster Linie ist es wichtig, daß die Kinder daran glauben (erinnern Sie sich noch an Dumbo und die Zauberfeder?); zweitens besitze ich etliche Karten und Kärtchen, Zettel mit Worten, Botschaften, Engelchen und Teufelchen, und ich weiß gewiß: wenn ich sie hervorhole, beginnen alle zu ziehen, nur so »zum Spaß«, und machen immer weiter – bis ins Unendliche.

Auch wenn Sie sagen, Sie glauben nicht daran, so bin ich mir sicher, daß Sie, kaum sind die Kinder im Bett, ebenfalls in dem Säckchen herumkramen werden, und auch für Sie ist eine kleine Gutenachtfee darin ... Und das ist auch gut so: wenn alle Kinder blieben, wenn alle auf das Kind in uns hören würden, wie schön wäre das! Wer an Zauberei glaubt, mag keinen Krieg, wer Engel sieht, möchte Flügel haben, aber keine Feinde jagen ... Kinder sind rein und gut, und auch wir würden es sein, wenn wir ein wenig auf unsere Kinder hören würden und sie spielen ließen.

Aspen	Ich besitze all den Mut, den ich brauche. Ich öffne mich den Erfahrungen des Lebens. Ich habe die innere Kraft, mich der Zukunft zu stellen. Ich weiß, daß meine Welt ein sicherer Ort ist. Ich bin bereit für Vergnügen und Abenteuer.

Goldene
Träume

Ich bin
immer
bei
dir

Wir
denken
daran!

Willst du
einen
Zauber?
Okay!

Friede!
Laß
uns
Freunde
sein!

Hier
ist die
richtige
Antwort!!

Hallo!
Ich mag
dich!

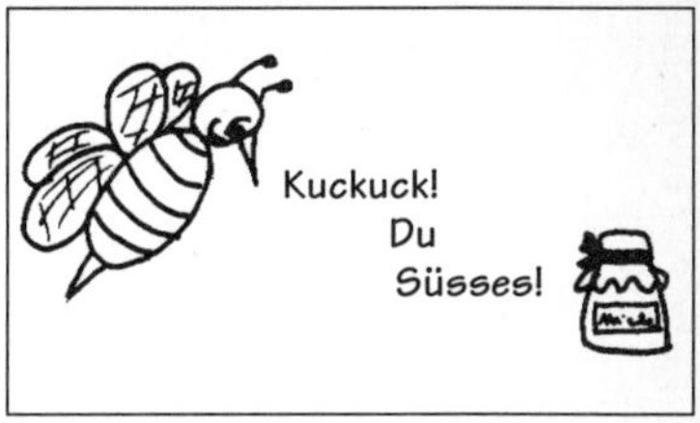
Kuckuck!
Du
Süsses!

Aufgaben
machen

Bist
du
aber
stark!

Ich
bin
eine gute
Hexe!

Sing mit uns

Ein Märchen

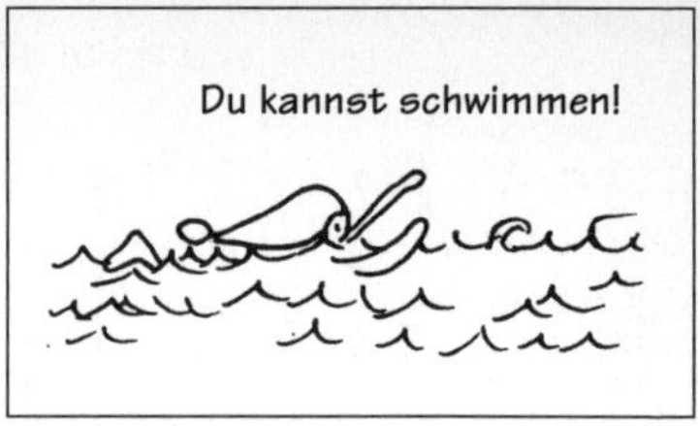
Du kannst schwimmen!

Zeit
zum
spielen

Wünsch
dir
was!

Psst ... psst ...
steck mich
in die Tasche ...
ich bringe
dir
Glück

Dein
Sternchen
ist
mmer
bei dir!!!

Wer war das im Dunkeln?

Wenn Alfredo ins Bett gehen sollte, begann er zu zittern. Niemand glaubte ihm, aber er spürte, daß in seinem Zimmer »etwas oder jemand« war.

Bevor er einschlief, wollte er ganz sicher sein, er schaute in die Ecken, aber nicht zu genau, denn wenn in der Ecke vielleicht ...? Die Tür mußte offen bleiben, aber nicht zu weit, denn wenn dann vielleicht jemand hereinkam? ... Ja, aber wenn sie geschlossen war, wie konnte er dann seine Mama hören?

Er wollte ein Glas Wasser, dann ein Bonbon, ihm war kalt, dann warm, er hatte tausend Ausreden, um Mama und Papa zu rufen; in Wirklichkeit wollte er nur den Augenblick des Einschlafens hinauszögern. Niemand glaubte ihm, aber er wußte, daß da ein sonderbares Geräusch war. Manchmal wie ein Rascheln, und dann hatte er Angst, es könnte eine Schlange sein. Ja, es ist sehr unwahrscheinlich, daß unter dem Bett eine Schlange ihre Höhle hatte ... sie würde sich da auch gar nicht wohl fühlen, aber so hörte es sich an. Dann wieder meinte er, ein Knistern zu hören ... vielleicht eine Maus? Aber wie soll eine Maus ins zehnte Stockwerk kommen, wie soll sie die Abschlußtür öffnen, noch dazu mit Gepäck? Hm?! Nichtsdestotrotz hatte er eine Heidenangst, niemand glaubte ihm, und um einschlafen zu können, mußte er vor Erschöpfung zusammenbrechen. Manchmal wachte er dann mit Alpträumen wieder auf und schrie, bis die Eltern kamen, um ihn zu beruhigen.

Eines Tages jedoch schlief er sofort ein. Er hatte mit seinem Vater einen Waldspaziergang gemacht, sie waren lange gelaufen und hatten dann noch Ball gespielt. Jedenfalls, kaum lag er im Bett, fiel er in tiefen Schlaf und hatte einen Traum: in der rechten Ecke seines Zimmers, genau dort wo seine Ski und seine Skischuhe standen, lebte ein kleiner Gnom, schön, freundlich, und vor allem tat er niemandem etwas zu leide. Er hatte es sich in dem linken Skischuh eingerichtet, um es schön warm zu haben, und erzählte ihm, daß es seine Aufgabe war, jede Nacht aus der Zauberwelt herüberzukommen, um in seinem Zimmer die Sterne der Fantasie und der schönen Träume anzuzünden. Nur war ihm das nie gelungen. Alfredo machte immer so viele Geschichten und brauchte so lange, daß der Gnom immer vorher einschlief.

Zum Glück hatten sie diese ermüdende Wanderung gemacht, so daß er endlich heute nacht diesen schönen Traumstern für ihn hatte anzünden können, sonst hätten die Feen mit ihm geschimpft und er hätte seine Stelle verloren. Ja, er war es, der die Geräusche machte, wenn er in den Schuh kletterte oder eine Mandel knabberte, während er darauf wartete, daß Alfredo einschlief, aber das brauchte er seiner Mama und seinem Papa ja nicht zu erzählen, weil das ihr Geheimnis bleiben mußte. Und von diesem Tage an geht Alfredo glücklich ins Bett.

Beech
Rotbuche

Ein Nörgelfritz hat an allem etwas auszusetzen: zu Hause, in der Schule, und auch mit sich selbst ist er unnachgiebig. Wenn ein Bild nicht so gelingt, wie er es wollte, wird er wütend, wenn er seine Figuren nicht in dieser einen Schublade findet, macht er ein stundenlanges Trara. Theresas Pulli gefällt ihm nicht, und ihr Haar auch nicht, und er hackt ständig darauf herum. Im Spiel will er der Anführer sein, denn nur er kennt die Regeln richtig, und wehe dem, der sie nicht befolgt (die anderen nehmen sowieso alles nicht so genau!).

In der Regel suchen die Nörgler Streit und werden von den anderen Kindern gemieden, weil diese von ihnen eingeschüchtert sind. Oft sind sie auch rechthaberische Nervensägen, müssen den anderen ihre Meinung aufzwingen, immer korrigieren.

Es ist wichtig, daß diese Kinder lernen, daß es nicht schlimm ist, eigene Grenzen zu haben und zu kennen, so werden sie auch anderen gegenüber toleranter.

Wir müssen sie lehren, in jedem Ding und in jedem Menschen das Schöne zu sehen, sie im Sinne der Universalität erziehen. Denken Sie nicht, das sei schwierig, denn Kinder sind viel offener als wir für die Ideale der Gerechtigkeit und des Friedens, sie sind mehr als wir in Kontakt mit ihrem höheren Selbst, und dieses gibt immer richtige Anweisungen für die Entwicklung des individuellen und universellen Geistes. Wenn wir dann größer werden, lernen wir, nicht mehr auf unsere »innere Stimme« zu hören, mit den schönen Ergebnissen, die wir dann bekommen ...

Ermuntern Sie diese Kinder, ohne Vorurteile anderen gegenüber zu handeln. Natürlich müssen auch Sie vorurteilsfrei sein, denn die Kinder sind unser Spiegel und ahmen unser Verhalten nach, und zwar sowohl beim Spielen als auch wenn sie verächtlich ein Kind meiden, das nicht sehr sauber oder nicht so klug ist.

Negativer Aspekt von *Beech* ist die Steifheit. Achten wir schon im zarten Alter auf mögliche Symptome für Rheuma, Arthritis oder einfach nur einen steifen Hals ... Wenn ich nicht sehen will, was die anderen machen, und schnurstracks meinen Weg gehe, wird mein Hals so steif wie ich selbst.

Auch bei Verstopfung kann *Beech* helfen, wie *Chicory* und *Vine,* denn wer dazu neigt, über andere zu bestimmen, will auch über seine körperlichen Bedürfnisse bestimmen und deshalb alles möglichst lange zurückhalten.

Der positive Aspekt bei *Beech*-Kindern ist, daß sie das Besondere erfassen, richtige und objektive Bewertungen abgeben und daher eine ausgezeichnete Hilfe für ihre Freunde sein können. Ihnen werden Aufgaben anvertraut, für die ihr Blick und kritischer Sinn, diesmal in konstruktiver Weise, nützlich sind, um Gerechtigkeit und Toleranz jedem gegenüber zu üben.

Genauigkeit und Zuverlässigkeit, vereint mit der Fähigkeit und einem gebührenden Sinn für Verantwortung, bewirken, daß das *Beech*-Kind die Erwartungen nicht enttäuscht. Seine Zuverlässigkeit wird durch die Tatsache bewiesen, daß es das Schöne und Positive sucht. Es ist auch sehr hilfreich als Unterstützung weniger guter Schüler, denen es auf konstruktive Weise Ermunterung und Hilfe zu geben vermag. In der Praxis kann es seine positive Seite dazu nutzen, sich als kleiner Therapeut oder Lehrer zu betätigen.

	Ich schaffe Wohlbehagen. Ich akzeptiere die Unterschiede bei anderen.
Beech	Ich sehe die grundlegende Güte in jedem Menschen. Ich lasse die Gefühle der Gerechtigkeit gehen. Ich bin gut und nett zu mir selbst.

Der allwissende Uhu und der Bagger

Im Wald von Forlonia lebten viele Tiere. Wie in Märchen üblich, spielten und redeten sie miteinander. Häufig trafen sie sich unter der großen Eiche, wo der Uhu Geschichten vorlas.

Er war der einzige, der lesen konnte, er war sehr gebildet, aber er bildete sich auch sehr viel darauf ein:

»Ihr alle solltet Latein lernen, damit euer Verstand sich öffnet ...«, sagte er zu den Hirschen, die auf den Felsen herumsprangen, und dann sagte er zu dem Adler, der zu hoch flog, er solle tiefer fliegen; zu dem Hasen, er solle nicht so schnell rennen, sondern die Gesetze der Physik studieren.

»Kann man noch dümmer sein als du, Maulwurf? Du siehst sowieso schon so schlecht und gräbst noch Löcher unter der Erde, du solltest Philosophie studieren ...«

Ihr könnt euch vorstellen, wie nervtötend der Uhu war, wenn er keine Märchen vorlas; andauernd hatte er etwas zu meckern und zu kritisieren, und so blieb er allein, niemand kam mehr unter die Eiche, weil es wirklich anstrengend war, sich wegen allem und jedem immer eine Standpauke anhören zu müssen. »Es reicht«, sagten die Tiere, und der Uhu brummte: »Sollen sie doch sehen, wo sie bleiben, dumm und unfähig wie sie sind, ich habe anderes zu tun, ich muß Taci-

tus übersetzen und Logarithmen lernen. Ich bin nicht so ungebildet und unerfahren wie sie. Sie werden ja sehen, was aus ihnen wird!«

Und dann kam wirklich ein schlimmer Tag. Der Bagger wollte den Wald zerstören, damit eine Stadt gebaut werden konnte, und die Tiere wollten das verhindern, Widerstand leisten.

Der Bagger sagte, daß er damit nichts zu tun habe, sie müßten einen Antrag mit Gebührenmarke unter Bezug auf Artikel 2, Absatz b, des Regionalen Forstgesetzes stellen. Sie schauten sich an und sagten: »Wir müssen zu dem Alleswisser gehen – nur er kann lesen und schreiben ... Vielleicht müßten auch wir es lernen.«

Hierin war der Uhu unübertrefflich, er schrieb Anträge, Einsprüche, Nachträge, aber die Frist war fast abgelaufen, und so machte sich der schnelle Hase auf den Weg, um den Umschlag abzugeben, während der Adler aus dem hohen Himmel in die Ferne spähte, ob die Bauingenieure schon zu sehen waren.

Diese kamen gerade an, und so begann der Maulwurf, die Reifen ihres Autos anzunagen, und zusammen mit anderen Kollegen grub er so viele Tunnels, daß die Bauingenieure sich fragten, ob es ratsam sei, die Stadt ausgerechnet hier zu bauen.

In der Zwischenzeit sprangen die Hirsche auf die Maschinen, und die Grillen sangen Tag und Nacht, bis die Eindringlinge erschöpft wegfuhren.

Im Wald gibt es jetzt unter der großen Eiche die Schule, wo man Lesen, Schreiben und andere Künste erlernen kann. Der Uhu hat begriffen, daß jeder unterschiedliche Fähigkeiten und Eigenschaften hat, die aber alle zu etwas nütze sind. Wenn der Adler nicht so hoch geflogen und der Hase nicht so schnell gerannt wäre, der Maulwurf die Menschen mit den Löchern nicht erschreckt hätte – wie wenig hätte seine Kenntnis des Gesetzbuches genützt!

Ende gut, alles gut. Im Forloniawald ist bald die Mathematikstunde bei dem Uhu zu Ende, und der Unterricht in archäologischen und anderen Grabungen bei dem Maulwurf beginnt. Wie schön ist die Welt, wenn nicht alle gleich sind!

Centaury
Tausendgüldenkraut

Die Schulkameraden profitieren von ihm, dem *Centaury*-Kind, denn es ist nachgiebig und neigt dazu, immer ja zu sagen, widersetzt sich nicht und ist nie ungehorsam. In großen Familien kann dies die ältere Schwester sein, die sich für die anderen aufopfert. *Centaury* wirkt auf den Willen, auf die Fähigkeit, sich durchzusetzen, und auf den Individualitätssinn.

Centaury-Kinder benötigen viel Anerkennung und Lob, sind sehr sensibel sowohl gegenüber Lob als auch Vorwürfen, fühlen sich ein bißchen als »Angestellte«.

Im allgemeinen sind es, unter dem positiven Aspekt, einfache, spontane Kinder, aber es ist wichtig, ihr Selbstbewußtsein zu fördern, im ursprünglichen Sinne von »ich kann«. Auch wenn sie nie Führungspersönlichkeiten sein werden, müssen sie lernen, nicht der Fußabtreter für andere zu sein. Manchmal sind sie geistig etwas träge, finden es bequemer, kleine Diener zu sein, als ihren eigenen Kopf anzustrengen.

Wir müssen ihre Selbstachtung stärken, alles loben, was sie hervorbringen, und sie quasi mit »Führungsaufgaben« betrauen, um ihre Fähigkeiten anzuregen.

Ich muß sagen, daß ich in meiner langjährigen Berufserfahrung glücklicherweise keine *Centaury*-Kinder kennengelernt habe. Vielleicht gehören sie der Vergangenheit an, weil die moderne Erziehung keine Unterwürfigkeit mehr lehrt – halleluja! Heute – im Zeitalter des freien Menschen –

müssen wir verstehen lernen, auch wenn es uns manchmal etwas schwerfallen mag, daß in jedem von uns alle Möglichkeiten verborgen liegen.

Centaury	Ich befriedige meine Bedürfnisse. Ich bin aufrichtig zu mir selbst. Ich bin verantwortlich für mein Leben. Ich stehe allein auf meinen Füßen. Ich schätze meine Willenskraft.

Der Flügelputzvogel

Im Schwarm konnten alle fliegen, auch in großer Höhe; nur der Reiher Peppino nicht. Er war immer damit beschäftigt, die Flügel seiner Gefährten sauber und glänzend zu halten, und er fühlte sich zufrieden so.

Allein schon den anderen Reihern beim Fliegen zuzusehen, erfüllte ihn mit Befriedigung, und er dachte, daß jeder seine Aufgabe hatte: wenn du fliegen sollst, fliegst du, wenn du putzen sollst, putzt du.

Es kam ihm nicht einmal in den Sinn, daß auch seine Flügel zum Fliegen gemacht waren. Ein Lob vom Anführer des Schwarms, und er war glücklich. Er hielt Bürsten und Cremes in Ordnung, aber die anderen Reiher hatten ihm den Spitznamen Aschenputtel gegeben, weil er im Grunde der Sklave der Gruppe war.

Eines Tages kam im Sturzflug ein majestätischer Vogel zu ihnen herab, dessen Gefieder in allen Farben des Regenbogens leuchtete. So einen Reiher hatten sie noch nie gesehen! Wer mochte das sein?

Peppino fragte ihn, ob er eine schöne Flügelpflege oder Federabreibung wünschte, aber der Neuankömmling antwortete: »O nein, ich bin gekommen, um mit dir zu fliegen.«

»Mit mir? Nein, nein, ich kann nicht fliegen, ich bin der Flügelputzer Peppino.«

»Ja, auch Aschenputtel genannt, stimmt's?«

Peppino wurde traurig, dachte aber: »Ich tue meine Pflicht, ich opfere mich auf für die Gruppe, und der da nimmt mich noch auf den Arm!«

»Paß auf, ich kann deine Gedanken lesen, weißt du das? Ich nehme dich nicht auf den Arm, schließlich habe ich dich wirklich eingeladen, mit mir zu fliegen. Du bist es, der sich erniedrigt. Wer hat dir gesagt, daß du deine Flügel nicht benutzen darfst, auch wenn du die Flügel der anderen putzt?«

»Aber das habe ich noch nie getan, es ist anstrengend. Nein, lassen wir es.«

»Peppino, das ist deine Chance, ich habe keine Zeit zu verlieren, ich muß weiter und noch viele, viele so wie dich besuchen und aufwecken! Beeil dich, richte deine Flügel, so wie du es kannst, und dann komm mit mir an diesen Abhang, und du wirst fliegen, so wie alle anderen Reiher auch!«

Peppino traute sich nicht so recht, er war ängstlich, darauf war er nicht gefaßt gewesen, aber um die Wahrheit zu sagen ... fliegen können, ja, davon hatte auch er oft geträumt. Nun lag es an ihm, er brauchte nur ja zu sagen. Er holte tief Atem und rief: »Ich will fliegen!«

Als er gerade zu dem Abhang gehen wollte, kam Blitz, der Anführer seiner Gruppe, und fragte: »Peppino, kannst du mir rasch die Flügel putzen?«

Peppino zitterte: wie konnte er dem Anführer etwas ablehnen? Dann fiel ihm Blitz' sanfter Blick auf, sah, daß auch er wünschte, ihn endlich fliegen zu sehen, und fand, wie wußte er selbst nicht, den Mut, zu sagen: »Nein, Chef, jetzt fliege ich, nachher vielleicht.«

Der tausendfarbige Reiher und Blitz zwinkerten sich zu: Geschafft! Peppino breitete die Flügel aus und stieß sich ab – das ist die Freiheit!

Cerato
Bleiwurz

Das *Cerato*-Kind fragt immer, ob das, was es gemacht hat, gut ist, weil es sich nichts zutraut. In der Schule verlangt es ständig nach Bestätigung durch den Lehrer, manchmal macht es den Eindruck, ein bißchen »dumm« zu sein, und kann nichts zustande bringen, aber es ist nicht dumm, nur unsicher. Es möchte immer »in« sein, ahmt deshalb häufig die anderen nach, und anstatt beim Spielen und in der Schule Vorschläge zu machen, wird es immer in der Herde mitlaufen.

In der Schule neigt es dazu, ständig das auszuradieren, was es geschrieben hat, auch wenn es richtig war. Manchmal kennt es die Antwort sehr wohl, wagt aber nicht, den Finger zu heben, weil es ihm unwahrscheinlich erscheint, sie zu wissen.

Es möchte immer die gleichen Spiele kaufen, die seine Freunde haben oder die gerade in der Werbung angepriesen werden, auch wenn es sich im Grunde seines Herzens eigentlich ein Indianerfort wünscht, und wird das neueste Videospiel verlangen, wie »alle« anderen, weil es nicht anders sein möchte. Denn das *Cerato*-Kind kann das Anderssein nur schwer ertragen, begreift es als etwas Negatives anstatt etwas unglaublich Schönes und Menschliches. Machen Sie diesem Kinder begreiflich, wie schön es ist, anders, individuell zu sein, und wie langweilig es wäre, wenn alle Menschen den gleichen Charakter hätten! Dies müssen Sie beharrlich versuchen, Ihrem Kind beizubringen, damit es sieht, wie wertvoll sein Wesen und seine Gefühle sind, damit es auf seine innere Stimme vertraut und frei in seinen Gedanken wird.

Cerato-Kinder sind häufig unheimlich neugierig. Sie sind wißbegierig und fragen alle und jeden um Rat, was jedoch manchmal schädlich sein kann, weil es sich hier um ein Delegieren der eigenen Entscheidungen handelt. Insofern kann sich *Cerato* bei Kindern als hilfreich erweisen, die häufig ihre Meinung ändern und ewig im Zweifel sind.

Betonen Sie in Spielen und in Erzählungen, daß die meisten Entdeckungen der Menschheit gemacht wurden, weil irgend jemand den Mut fand, seiner Intuition zu folgen. Bringen Sie Beispiele, damit diese Kinder das Schöne an der Individualität akzeptieren, zitieren Sie ihre Helden. Robin Hood tat das, was ihm richtig schien, und wenn Christopher Columbus auf den Rat der anderen gehört hätte – dann würden wir heute zum Beispiel keine Colagetränke kennen.

Cerato	Ich glaube an meine Meinung. Ich weiß, was für mich richtig ist. Ich glaube an meine Intuition. Ich achte mich sehr. Ich habe den Mut, auf meine Intuitionen zu hören.

Der Esel lacht, die Kuh nicht ...

Auf einem Bauernhof lebten einmal ... ja, wer soll da gelebt haben, was meint ihr? Viele Tiere natürlich. Poldo war ein Entenküken, munter und lebhaft, aber immer auf der Suche nach jemandem, den es nachahmen konnte: wenn es am Stall vorbeiging und die Kühe sah, versuchte es zu muhen, wenn es die Schafe hörte, wollte es blöken.

Auf dem Bauernhof hieß es, daß Poldo dumm sei. Nicht gerade nett, jemanden einen Dummkopf zu nennen, aber die Tiere hielten ihn jedenfalls dafür! Eine Ente ist kein Pferd, und wenn man schwimmen kann, kann man nicht galoppieren, aber Poldo ließ sich nichts sagen, wollte lernen, fragte, wie er den Schnabel halten müsse, um wie ein Esel zu iahen.

Seine seltsame Angewohnheit, immer so wie die anderen sein zu wollen, brachte ihn auch ganz schön in Schwierigkeiten, abgesehen von seinem Ruf als Dummkopf ... Als er Rinderfutter fraß, bekam er fürchterliche Bauchschmerzen, und als er versuchte, wie ein Kaninchen am Holz zu nagen, könnt ihr euch vorstellen, was mit seinem Schnabel geschah.

Mutter Ente bat ihn, doch zur Kenntnis zu nehmen, daß er eine Ente war ... aber ihr wißt ja, wie das ist ... auf Mütter wird fast nie gehört.

Eines Tages kam ein wunderschöner Pfau auf den Bauernhof. Ich brauche euch nicht zu sagen, daß Poldo den ganzen Tag lang versuchte, ein Rad zu schlagen, logischerweise vergeblich. Der Pfau war sehr weise, er hatte mehrere Monate in einem geheimnisvollen Zaubertal verbracht und erzählte den anderen Tieren oft so fesselnde Geschichten, daß alle ihm zuhörten. Poldo stand immer in der ersten Reihe, und eines Tages fragte ihn der Pfau unvermittelt: »Sag mir, Poldo, welches Tier legt Eier, schwimmt auf dem See, hat Schwimmfüße, kann sehr gut fliegen, hat einen schönen gelben Schnabel, bunte Federn und macht 'quakquak'?«

»Die Ente?« entgegnete Poldo, aber er war sich – wie stets – seiner Antwort nicht sicher.

»Ja!« sagte der Pfau feierlich, sonst nichts, aber Poldo hatte verstanden, und von diesem Tag an war er endlich eine Ente, und zwar eine 100%ige.

Cherry Plum
Kirschpflaume

Diese Kinder sind oder waren fast immer Bettnässer. Was tagsüber kontrolliert werden kann, wird nachts »losgelassen«. Sie können auch Wutanfälle bekommen und unter Manien oder Phobien leiden.

Das *Cherry Plum*-Kind spielt immer dasselbe Spiel, zieht immer denselben blauen Jogginganzug an, und wehe, wenn der in der Wäsche ist. Es will alles unter Kontrolle haben, daher wird es neugierig und argwöhnisch in Ihren Schubladen oder Taschen herumstöbern. Es tritt ständig von einem Fuß auf den anderen, hüpft, und manchmal schlägt es mit dem Kopf gegen die Wand oder die Möbel.

Cherry Plum kann autistischen oder psychotischen Kindern helfen, es ist angezeigt bei Stottern, wenn es durch übermäßige Selbstkontrolle bedingt ist. Für Stottern aus Schüchternheit oder sonstigen Gründen gibt es dann andere Blütenmittel. Bei der Sprecherziehung nach Traumata findet es zusammen mit *Chestnut Bud* Verwendung. Es ist sehr wirkungsvoll, wenn Kinder unkontrollierbar, hysterisch weinen, aber auch im entgegengesetzten Fall, wenn sie Ordnungsmanien haben, von den Bleistiften bis zum Besteck alles fein säuberlich in eine Reihe legen oder ihre Ärmelmanschetten perfekt umgeschlagen sein müssen.

Man muß verstehen, daß die Kinder, die dieses Blütenmittel benötigen, wie auf einem Pulverfaß sitzen, daher versuchen sie, jede Bewegung zu kontrollieren, weil sie spüren, daß es bei der geringsten Erschütterung explodieren könnte. Es kommt nämlich vor, daß man Kinder kennenlernt, die die Vollkommenheit in Person zu sein scheinen und dann eines Tages ihren Freund bis aufs Blut beißen, weil er sie aus Versehen angerempelt hat.

Cherry Plum-Kinder zeigen ihre Ängste nicht und gestehen sich diese auch nicht ein, haben darüber hinaus Angst vor sich selbst und ihren Gedanken und schweigen daher. Das Wort Entspannung gibt es für sie nicht: Hier können wir ihnen helfen mit Aktivitäten, bei denen sie lernen, sich gehenzulassen. Spielerisch wenden wir dazu ein paar Techniken des Wohlfühlens an, wie Massagen mit kleinen Bällen, Spielen mit buntem Sand, Arbeiten mit Ton und sanfte Musik. Aber außer den Entspannungsübungen machen wir mit ihnen, wann immer es möglich ist, Spiele, die ihnen helfen, ihre Aggressivität kontrolliert zum Ausdruck zu bringen, anstatt die Krisen abzuwarten: in Kissen boxen, ringen, eine festgesetzte Zeitlang schreien, sich bei schnellen Volkstänzen austoben, bei denen mit den Füßen gestampft und in die Hände geklatscht wird, kleine Schreinerarbeiten, bei denen eine Menge Nägel mit dem Hammer eingeschlagen werden dürfen.

In schwereren Fällen kann *Cherry Plum* natürlich von anderen Therapien begleitet werden, sowohl medizinischen als auch psychologischen. Ich verspreche Ihnen nicht, daß eine Psychose von selbst geheilt wird, auch wenn Dr. Bach sagt, »daß die Krankheit schmilzt wie Schnee in der Sonne ...«, sondern man muß konstitutionelle und umweltbedingte Faktoren berücksichtigen, die die Hilfe eines Psychologen erfordern.

Cherry Plum	Ich bleibe stark unter starkem Streß. Ich bin ruhig und mutig. Ich habe beschlossen, in jeder Gelegenheit ausgewogen und stabil zu sein. Ich tue das, was richtig ist.

Ein riesiger Turm

Ein Riese wohnte in einem Turm voller Möbel und Truhen, die er mit allem möglichen Plunder vollzustopfen pflegte. Er hob nicht nur alles auf, sogar das, was er nie mehr brauchen würde, sondern hatte auch die Angewohnheit, Blätter über Blätter vollzuschreiben, er brachte all seine Zornausbrüche, all seine Ängste zu Papier, und dann ab damit in die Kiste und zugeschlossen: niemand durfte sie sehen.

Der Turm schien aufgeräumt, weil der ganze Kram gut in den Möbeln versteckt war, während draußen jedes Stück der Größe nach in vollkommener Ordnung an seinem Platz stand, eins neben dem anderen, alle Kaffeetassen mit dem Henkel nach links, die Krüge wie Orgelpfeifen, mit dem Henkel nach rechts. Und wehe, wenn etwas anders war: der Riese hatte seine Methode, sie hinzustellen, und nichts und niemand durfte etwas daran ändern. Übrigens bekam er nicht gerade viel Besuch, weil er einen nervösen Charakter besaß, leicht in Zorn geriet, immer vor sich hingrübelte, alle argwöhnisch betrachtete – obwohl er im Grunde zu bedauern war. Denn er war so groß und dick durch all seine Ängste, die sich in ihm aufgestaut hatten und die er dann auch noch in seinen Kisten einschloß, die deshalb immer voller wurden und zu platzen drohten.

Er kaufte weitere Schränke und Truhen, der Turm schwankte unter dem ganzen Gewicht, aber der Riese merkte es überhaupt nicht, er hatte Angst, den Dingen ihren Lauf zu lassen.

Manchmal fühlte er sich versucht, alles kaputtzuschlagen oder zu verbrennen. Es war nicht leicht, diese Riesenmenge Zeug in Ordnung zu halten, aber er konnte es nicht, bis ein heftiges Gewitter dafür sorgte ... Der Riese rannte in den Garten, wo er seine Riesenwäsche aufgehängt hatte (die Socken nach Farben abgestuft, die Hemden fein ordentlich), als ein Blitz mitten in den Turm einschlug, der eh schon überladen und vom Einsturz bedroht war und in einen Haufen Trümmer zusammenkrachte.

Der Riese weinte, heulte, brüllte und trat gegen die Steine: »Ich Armer, ich habe nichts mehr, gar nichts! All meine Erinnerungen, meine Papiere, meine Sachen«, und während er heulte und weinte, schrie er all die Ängste heraus, die er in seiner Brust zusammengepreßt hatte wie in einem Dampfkochtopf. Als er sich ausgetobt hatte, wurde ihm bewußt, daß er sich womöglich befreit hatte ... er konnte neu anfangen, er konnte sich einen kleineren, fröhlicheren Turm bauen, nicht so mit Möbeln vollgestopft, oder er konnte auch in ein anderes Haus ziehen. Plötzlich fühlte er sich leichter und sagte sich: »Warum nicht?« Er sammelte seine Hemden und Socken ein, fand unter den Trümmern einen Rucksack und den Beutel mit den Silbermünzen ... und ging pfeifend einem neuen Ziel entgegen, ohne zurückzuschauen. Der Turm hatte ihn allzu lange gefangengehalten. Mochte er ein Haufen Trümmer bleiben, er selbst fühlte sich wie neugeboren.

Chestnut Bud
Kastanienknospe

Diese Blüte ist äußerst hilfreich für Schulkinder, die schwer lernen oder immer wieder dieselben Fehler machen. Im Unterschied zum *Cerato*-Kind, das häufig durchstreicht oder radiert (auch wenn es nicht falsch war), merkt ein *Chestnut Bud*-Kind überhaupt nicht, daß es einen Fehler gemacht hat, es ist oft zerstreut, stolpert immer auf derselben Treppenstufe, liebt es, immer dieselben Sätze, dieselben Witze zu wiederholen, und wird häufig von seinen Kameraden gemieden oder gehänselt, denen seine ständigen Wiederholungen lästig werden.

Solch ein Kind ist nicht in der Lage, Fehler zu korrigieren, es macht weiter und wiederholt sie, vergißt immer »das« Heft zu Hause, kann sich nicht konzentrieren und hat kein großes Interesse an der Schule. Seine Raum-Zeit-Realität ist nämlich anders als die der anderen Kinder, gewöhnlich langsamer, und so kann es Innenwelt und Realität immer weniger koordinieren. Häufig fragt man sich, wie es auf so »dumme«, unpassende Antworten kommt, die typische Bemerkung seiner Lehrerin wird lauten: »Überleg erst, bevor du antwortest!«

Wohltuend wirkt *Chestnut Bud* sich auf Kinder mit Down-Syndrom (Trisomie 21) aus, da es beim Lernen hilft, sowie auf autistische Kinder oder Spätentwickler.

Des weiteren wird diese Blüte bei wiederkehrenden Krankheiten verabreicht, denn hier haben wir es mit dem gleichen Ablauf zu tun: wir haben die »Lektion«, die die Krankheit uns lehren will, nicht verstanden, also müssen wir sie wiederholen, das heißt erneut erkranken, damit wir sie verstehen. Das gleiche gilt für zyklische Krankheiten.

In dem von Dr. Bach entwickelten Mittel für Prüfungen ist *Chestnut Bud* wegen seiner Fähigkeit vertreten, das Konzentrations- und Lernvermögen zu stabilisieren. Von der Schule einmal abgesehen, ist es für alle indiziert, die nicht wachsen und lernen wollen; also für alle Pinocchios und Peter Pans jeden Alters.

Begründen wir in diesen Kindern die Freude am Neuen, am Wissen, durch Entdeckungsspiele (die sogenannten heuristischen Spiele). Wir müssen ihnen die Möglichkeit geben, Neues zu entdecken, sie neugierig machen, und es gibt unendliche viele Möglichkeiten, wie. Dann können wir ihnen Überraschungen bereiten, damit sie Geschmack am Staunen bekommen, geben ihnen Spiele wie Bilderrätsel u. ä., bei denen sie den Fehler finden müssen, und Bücher mit abwechslungsreichem Verlauf, in denen sie abenteuerliche Geheimnisse lösen müssen. Sie brauchen dazu nur in eine gute Kinderbuchhandlung oder -bücherei zu gehen.

Bitte verwechseln Sie diese Wesensart nicht – wie oben schon erwähnt – mit der von *Cerato*-Kindern, die immer durchstreichen und ausradieren, auch was richtig war. *Chestnut Bud*-Kinder dagegen merken gar nicht, wenn sie Fehler machen, außerdem fehlt ihnen auch der Wissensdurst, statt dessen finden wir bei ihnen das Wiederholungsphänomen.

	Bei allem was ich tue, lerne ich etwas Neues. Meine Vergangenheit ist eine Quelle der Kraft und Energie.
Chestnut Bud	Ich beobachte und lerne von den anderen. Ich sehe die Dinge, wie sie wirklich sind. Ich lerne aus meinen Fehlern.

Aus Fehlern wird man klug – aber man muß sie bemerken

Artemilla war eine kleine Fee, so eine kleine, leuchtende, ihr wißt schon, mit goldenen Flügelchen und einem kleinen Mäusegesicht. Wie alle kleinen Feen ging sie in die Zauberschule, aber sie kam nicht besonders gut voran, denn wenn sie einmal einen Zauberspruch gelernt hatte, dann zauberte sie monatelang nur dieses eine Kunststück, anstatt neue zu lernen.

Natürlich war Artemilla nicht besonders beliebt, niemand interessierte sich für ihre Spiele, weil sie immer dasselbe machte.

Im Unterricht war Artemilla nicht sehr aufmerksam, sie machte Fehler und bemerkte sie nicht einmal, weil sie so sehr mit immer demselben Zauber beschäftigt war, noch dazu war es jener, mit dem man einen Frosch in einen Prinzen verzaubert, und seid mal ehrlich, das können wir ja nun alle, nicht wahr?

Die anderen Feen verblüfften jeden Tag mit neuen, immer schwierigeren Zauberkunststücken, und ihre Kameradinnen klatschten ihnen Beifall. Artemilla war sich gar nicht bewußt, daß sie immer am selben Punkt stehenblieb. Ihr kam es so vor, als lernte sie, sie besuchte ja den Unterricht, zudem stolperte sie jeden Tag in den Jasminbusch, so daß sie immer ein Pflaster am Ellbogen hatte.

Die Feenlehrerin dachte, der Augenblick sei nun gekommen, um etwas für diese kleine Schülerin zu tun, denn es tat ihr leid, daß sie immer so allein war und nie den ordentlichen Zauberstab bekommen würde wie all die anderen Feen. Daher rief sie ihre Kunst zu Hilfe, nahm Artemilla, setzte sie auf ein Karussell, das aussah wie eine Uhr mit Zeigern, wirbelte es herum und murmelte diesen Zauberspruch:

»Dreht euch, Zeiger, dreht euch schnell,
Flügel leuchten golden hell,
Pfeilschnell wie der Wind,
Lernen muß dies Feenkind!
Wir sind schon zu spät,
Die Zeit, die vergeht!
Zaubersalz auf Kopf und Haar,
Neue Sprüche sind schon da.
Auf Neues sei gespannt!
Banales sei gebannt!
Dreht euch, Zeiger, dreht euch schnell,
Diesmal ist es eilig!«

Als das seltsame Karussell anhielt, war Artemilla ganz schwindelig, aber in ihrem Kopf und den Flügeln hatte sie ein eigenartiges Prickeln. Auf einmal verspürte sie den Wunsch, einen Elefanten in ein Veilchen zu verwandeln ... es kam eine Tulpe heraus, aber sie ließ sich nicht entmutigen: sie hatte verstanden, daß man aus Fehlern lernen muß, und beim dritten Versuch klappte es. Und alle klatschten ihr Beifall.

Chicory
Wegwarte

»Das ist meins!« Besitzergreifend und erpresserisch, will das *Chicory*-Kind alles haben, was ihm vor Augen kommt, es gibt nicht nach und verleiht nichts; im schlimmsten Fall versucht es auch, Geschenke und Zärtlichkeit zu erpressen, indem es krank wird – denn dann müssen alle Familienmitglieder in seiner königlichen Reichweite sein! So kann der kleine Tyrann sich während des Krankseins bemitleiden lassen und alles im Griff haben.

Dieses Kind kann unter Verstopfung leiden, weint oft, neigt dazu, alles zu dramatisieren. Es fällt ihm schwer, sich von der Mutter zu lösen, und häufig ist der *Chicory*-Status sowohl beim Kind als auch bei der Mutter auf ödipaler oder symbiotischer Ebene gegeben. Hier ist es sinnvoll, dieses Blütenmittel mit *Red Chestnut* zu kombinieren.

Eifersüchtig wacht das *Chicory*-Kind über seine Sachen und die ihm entgegengebrachte Zuneigung, hat schon (leider, aber die Schuld liegt nicht bei ihm) das Gesetz des »Ich gebe dir, aber nur unter einer Bedingung« begriffen. Und so wird es der Oma (die gewöhnlich auch ein *Chicory*-Typ ist, genau wie das Kind) nur dann einen Kuß geben, wenn es dafür drei Kekse oder ein neues Spielzeugauto bekommt.

In allen Fällen, bei denen Eifersucht mitspielt, wird *Chicory* mit *Holly* zusammen verabreicht, vor allem, wenn ein neues Geschwisterchen ankommt, das die Aufmerksamkeit der Mutter etwas mehr in Anspruch nimmt.

Chicory brauchen bei den Mädchen jene lieben »Mütterchen«, die sich so rührend um die kleinen Geschwister kümmern, vorausgesetzt diese tun alles, was sie wollen. Sie ersticken sie mit Küssen und Zärtlichkeiten, aber der Preis dafür ist hoch! Denn wenn eines auch nur versucht, sich aus dem Wirkungsbereich, des »zärtlichen Mütterchens« zu lösen, wird aus ihm eine rachsüchtige Bestie. Kurz und gut, diese Mädchen bereiten sich beizeiten darauf vor, eine erdrückende, lästige Mutter zu werden ... Im übrigen sieht man, daß ihnen dieses Vorbild bekannt ist.

Auch beim Spielen kann man *Chicory*-Kinder sofort erkennen: sie wollen immer die Lehrerin, Krankenschwester, Mutter Courage sein. In ihren Beziehungen zu anderen haben wir alle Probleme, die durch ihren besitzergreifenden Charakter und ihre Eifersucht sowie ihre Forderung nach Gegenleistung hervorgerufen werden. Sie inszenieren Tragödien, wenn ihre beste Freundin in der Pause mit jemand anderem spielt, sie sind eifersüchtig, wenn ein Schulkamerad vom Lehrer für eine Gruppenarbeit gelobt wird, zu der sie ihr Bestes und der andere nichts beigetragen hat, zumindest aus ihrer Sicht.

Alles in allem gibt es viel zu tun bei diesen Kindern. Vor allem ist es notwendig, daß wir als Eltern unser Verhalten ändern, weil die Kinder ganz klar eine falsche Vorstellung von Liebe haben. Also versuchen wir, diesen Kindern zu vermitteln, daß sie lieben sollen, weil es schön ist zu lieben, indem wir ihnen beispielsweise ein Tier schenken – aber nicht zum Versklaven, sondern zum Liebhaben.

Etwas, das *Chicory*-Kinder entwickeln müssen, ist der Sinn der universellen Liebe, zu den Pflanzen, den Blumen, den Steinen – und allen Kinder auf der Welt, denen es nicht so gut geht wie ihnen. Warum sie nicht bei einer Hilfsaktion für Kinder der Dritten Welt mitmachen lassen? Sie werden glücklich sein, etwas von ihrem Ersparten abzugeben, und Sie können sicher sein, daß sie keine Gegenleistung dafür erwarten werden.

Hüten wir uns davor, ihnen das Schema einzuprägen: »Wenn du eine gute Note schreibst, kaufe ich dir die gewünschten Turnschuhe.« Kaufen Sie sie, wenn Sie das wollen, und fertig, andernfalls wird daraus ein Hin und Her sanfter Erpressungen und mehr oder weniger verhüllter Einlösungen.

Im positiven Status ist *Chicory* mit dem Prinzip der bedingungslosen Liebe verbunden, und das ist etwas, worüber wir alle nachdenken sollten, wonach wir alle streben sollten, wohl wissend, daß sie nur aus uns entspringen kann, wenn wir uns lieben und uns bis auf den Grund akzeptieren. Wie können wir sonst die anderen ohne jede Einschränkung lieben? Wenn uns dies gelingt, geht es uns gut, ohne Erwartungen gelingt alles!

Chicory	Ich liebe ohne Bedingungen. Ich respektiere die Unabhängigkeit der anderen. Ich bin der Liebe aller würdig. Ich habe alle Aufmerksamkeit, die ich brauche. Ich gebe, ohne an eine Gegenleistung zu denken.

Frau Katharina und ihre Nachbarin

Bei Frau Katharinas Haus ist alles spiegelblank: blitzende Fußböden und Möbel, blütenweiße Vorhänge und wertvoller Zierrat. Sie hält auf ihren Haushalt, ihre Nachbarin dagegen ... Nicht daß sie schmutzig ist, aber sie bringt die Arbeiten lieber rasch hinter sich, damit sie ihre Bücher lesen und ihren Tanzkurs besuchen kann.

Frau Katharina mißbilligt dies und gibt ihr gute Ratschläge, obwohl ihre Nachbarin sie, ehrlich gesagt, nicht darum ge-

beten hat, aber Frau Katharina ist davon überzeugt, daß sie allein weiß, wie Tischtücher aufgehängt oder Hemden gebügelt werden. So bügelt sie immer noch die Hemden ihrer Söhne, obwohl sie bereits verheiratet sind, weil sie sagt, daß ihre Schwiegertöchter arbeiten gehen und deswegen keine Zeit haben, so ordentlich zu bügeln. Aber dann stöhnt sie, daß ihr die Beine weh tun, und ihre Nachbarin sagt zu ihr: »Dann bügeln Sie doch nicht! Kommen Sie mit mir in den Tanzkurs, das tut den Beinen gut und macht Spaß.«

Katharina brummt: »Ja, meinen Sie, ich habe dafür Zeit? Ich bin eine gute Mutter und opfere mich für meine Kinder auf.«

»Aber wenn Sie dann stöhnen oder es Ihnen schlecht geht ... Schauen Sie, ich habe auch Kinder, und Sie dürfen nicht glauben, daß ich sie nicht liebe, doch ich habe sie so erzogen, daß sie in der Lage sind, für sich selbst zu sorgen. Mauro studiert jetzt in London, er kann kochen und seine Wäsche in Ordnung halten, und Elisa ist Stewardeß, ich sehe sie nur selten, aber ich weiß, daß es ihr gutgeht, und das genügt mir.«

Frau Katharina ist empört: die Tochter immer unterwegs im Flugzeug und der Sohn ganz allein so weit weg. »O nein, ich habe meine Söhne überzeugt, hier in der Nähe zu wohnen, sie kommen jeden Sonntag mit ihrer Familie zum Mittagessen zu mir, und wehe, wenn sie einmal nicht kommen. Schließlich stehe ich stundenlang in der Küche und mache gefülltes Huhn und Apfelkuchen ...«

»Aber hören Sie«, unterbricht die Nachbarin, »glauben Sie nicht, daß es besser wäre, wenn Ihre Söhne manchmal für sich bleiben könnten? Es geht mich ja nichts an, aber sonntags sehe ich euch immer mit langen Gesichtern rumlaufen! Sie haben immer etwas Unerfreuliches zu erzählen. Lassen Sie die Kinder doch ihr Leben leben, Sie würden sie nicht so oft sehen, aber sie wären fröhlicher, wenn sie kommen könnten, wann sie wollten ...«

»Das reicht, das ist ja eine Frechheit! Kümmern Sie sich um Ihre eigenen Angelegenheiten! Das müssen gerade Sie sagen, eine Egoistin, die sich nicht darum kümmert, wie es ihren Kindern geht, nur weil sie tanzen gehen und dummes Zeug lesen will. Sie sind eine Rabenmutter, lassen Sie mich in Ruhe!« schrie Frau Katharina, zutiefst beleidigt.

»Ich wollte Sie doch nicht beleidigen, ich wollte Ihnen helfen. Wenn Sie weiterhin die Glucke spielen und glauben, Ihre Kinder seien Küken ...«

»Ich habe gesagt, Sie sollen mich in Ruhe lassen!« Frau Katharina schlägt die Tür hinter sich zu.

Aus der Wohnung der Nachbarin hört man das Telefon klingeln. Katharina, die sich gewöhnlich nicht um die Angelegenheiten anderer kümmert, lauscht an der Wand und hört ihre Nachbarin mit liebevoller Stimme sagen: »Natürlich kannst du an Ostern mit deiner Freundin kommen, Elisa ... Nein, mach dir keine Sorgen ich kümmere mich darum ... Ja, ich habe dir den rosa Pulli gestrickt, der dir so gut gefiel ... Aber nein, es wird nicht zu anstrengend, ich gehe ja auch in den Tanzkurs ... Ihr seid zwei wunderbare Kinder, und ich bin glücklich, denn Mauro kommt auch am Samstag. Ja, hatte ich dir das nicht gesagt? Er kommt mit seiner englischen Verlobten. Als Überraschung für sie habe ich ein paar Sätze gelernt, einfach so, weißt du, was mir gerade in den Sinn kam, aber es kommt von Herzen. Heute wollte ich auch Frau Katharina helfen, ihr begreiflich machen, daß lieben nicht besitzen heißt, aber sie hat sich nur über mich geärgert, die Arme. Sie ist schon so voller Traurigkeit und Probleme, und ich hoffte, ihr eine Freundin zu sein, mal abwarten, vielleicht grüßt sie mich ja nun nicht mehr. Tschüs, mein Schatz, ich mache Schluß, sonst wird es zu teuer.«

Katharina schaut erschrocken. Dann ist sie es, die nichts verstanden hat. Ihre Nachbarin ist keine Egoistin, wie sie dachte, sondern wird von ihren Kindern geliebt und liebt auch Leute, die ... Was soll sie tun?

Sie muß sich ändern, sie hat die Lektion verstanden. Sie öffnet die Wohnungstür und klopft an die der Nachbarin: »Entschuldigen Sie, wenn ich vorhin ein wenig schroff war. Wann war der Tanzkurs noch mal? Wissen Sie, wenn es wirklich gut ist für die Durchblutung ... Ich habe gedacht, die Hemden können meine Schwiegertöchter auch in die Wäscherei bringen, oder am Sonntag bügeln ... Ja, sie sollen auch zu Hause bleiben. Vielleicht können wir ja zusammen ins Kino gehen, wenn Sie wollen ...« Eine herzliche Umarmung zwischen den beiden Frauen: das ist der Anfang einer großen Freundschaft – das ist bedingungslose Liebe.

Clematis
Gemeine Waldrebe

Zerstreut, den Kopf in den Wolken, in der Schule ein Versager, weil es nicht aufpaßt: die Lehrerin redet mit ihm, und es träumt weiter, hängt seinen Gedanken nach oder schaut einer Fliege hinterher – so ist das *Clematis*-Kind. Anscheinend gelangweilt, hat es jedoch eine reiche eigene Welt der Fantasie, gewiß vergnüglicher als die Schule!

Dieses Kind kann sehr gut zeichnen und malen, weil es viel Vorstellungskraft hat, aber es kann sein, daß Seh- und Hörvermögen nicht so funktionieren, wie sie sein sollten, weil es sich isoliert. Es ist fasziniert von der Zukunft: Raumfahrtroboter, Zeitmaschinen, das ist seine Welt, weil es nicht vollständig »im Hier und Jetzt« lebt. So ein Kind verliert alles, was man fast unmöglich verlieren kann, fällt vom Stuhl, weil es zerstreut ist, ist eine Schlafmütze.

Clematis gehört ebenfalls zu den Bestandteilen des Prüfungsmittels und ist in *Rescue* enthalten ... daher seien wir uns der Bedeutung dieser Blüte bewußt, der Blüte, die uns wieder mit den Beinen auf die Erde zurückbringt.

Clematis-Kinder können bläßlich sein und kalte Hände und Füße haben. Ihr geringes Interesse für die Gegenwart führt zu Appetitlosigkeit, und ihre Krankheiten dauern meistens länger.

Für diese Kinder sind all jene Aktivitäten gut, die eine »Kontaktaufnahme mit der Erde« gestatten: Tanzen, Sackhüpfen, Gartenarbeit, Töpfern, oder alles, was sie nicht mit der Fantasie davonfliegen läßt. Nicht, daß dies schlimm wäre, aber sie leben schon zu sehr in ihrer eigenen Welt.

Wir müssen ihre Nahrung mit energiereichen Lebensmitteln ergänzen, ein Stück Schokolade ab zu wird daher zum Nutzen gereichen.

Hüten Sie sich davor, ihre Luftschlösser zu zerstören, aber wenn möglich geben Sie ihnen Anreize, ihre Fantasiewelt in die Wirklichkeit zu verlagern, damit sie ihnen hilft, ihre Unsicherheiten und Ängste zu besiegen; oder geben Sie ihnen Anregungen in künstlerischer Richtung und dadurch die Gelegenheit, ihrer Wesensart durch Bilder und Zeichnungen Ausdruck zu verleihen.

Clematis	Ich bin hier und jetzt. Ich bin überzeugt in allem, was ich tue. Ich erlebe jeden Augenblick gut. Ich bringe meine Pläne zu einem Ergebnis. Ich stehe mit den Füßen sicher auf dem Boden.

Die Fee Camilla

Fee zu sein, ist sehr schön, und Camilla war glücklich, ganz hoch hinaus über die Wolken fliegen zu können, immer höher und immer weiter, unten war die Welt und oben die Fantasie und bunte Regenbogen. Ihre Feenhände schufen goldene Bilder, schimmernde Himmelsgemälde, wo Sterne und Farben sich in fantastischen Figuren vereinten.

Aber dabei vergaß Camilla ganz zu essen ... Oft flog sie so weit, daß sie hinterher stundenlang schlafen mußte. Manchmal übersprang sie die Zauberstunde, nie war sie mit den Füßen auf der Erde, und wenn ihr eine Frage gestellt wurde, antwortete sie abwesend oder etwas Unsinniges. Häufig wurde sie gefragt: »Wo hast du nur deinen Kopf?« Tja ... da oben! Die Wirklichkeit, die alltäglichen Dinge interessierten sie überhaupt nicht, sie zog es vor, ihre Welt zu durchstreifen, sie war eine Träumerin, eine Künstlerin, für sie existierte nur der unendliche Raum, nur dort fühlte sie sich wohl.

Eines schlimmen Tages jedoch wurde Camilla krank. Nichts Ernstes, zum Glück, nur eine schlimme Mandelentzündung, aber sie mußte sie behandeln lassen. Die Kräuterfee bereitete ihr Tee, aber sie vergaß nicht nur, ihn zu trinken – sie flog einfach weg! Das machte die Mandelentzündung natürlich schlimmer statt besser, und ihre Halsschmerzen gingen nicht weg: es schien geradezu, als läge ihr überhaupt nichts daran, gesund zu werden.

Da beschloß die Kräuterfee, neben dem Bett sitzen zu bleiben, so würde Camilla nicht davonfliegen können und gesund werden, aber sie bemerkte, daß die kleine Fee auch im Geiste davonflog. Sie wollte nichts davon wissen, auf der Erde zu bleiben, nicht einmal einen Augenblick.

»Darf man erfahren, warum du immer im Himmel bist? Sieh mal, du bist doch kein Vogel. Auch wenn du fliegen kannst, hier ist der Platz, wo du leben und lernen mußt. Was ist eigentlich los mit dir?«

»Dort oben geht es mir gut, von dort oben sehe ich so viele schöne, fantastische, bunte Dinge ...«, antwortete die Kleine.

»Aber die gibt es doch auch hier. Schau aus dem Fenster. Siehst du die Blumen dort? Sind sie vielleicht nicht bunt und fantastisch? Berühre das Gras, berühre die Erde, denke an das Wunder, daß all dies aus einem Samenkorn entstehen kann. Im Himmel gibt es Sterne und Wolken, aber was noch? Hast du einmal versucht, in deinem Garten zu arbeiten?«

Die Fee unternahm alles, um Camillas Interesse für die alltäglichen Dinge zu wecken. Sie pflanzten Anemonen und Karotten, backten Kuchen in Sternenform und Plätzchen in

Form von Herzen, die Fee zeigte ihr, was man mit Nadel und Faden zaubern kann, überzeugte sie, daß sie ihre fantastischen Bilder mit allem Möglichen machen konnte, von Blütenblättern bis hin zu Knöpfen. Warum all das? Weil man die Gefahr nicht unterschätzen durfte, daß Camilla davonflog und nicht mehr zurückkam. Ihre Fluchten in die Welt der Fantasie mußten kürzer werden, ihre Füße mußten wieder, zumindest ab und zu, den Boden berühren.

Um all das deutlich zu machen, schenkte die Fee dem Feenkind ein Paar wunderschöne goldene Schuhe, die aber auch sehr schwer waren, so daß Camilla nach jedem Ausflug in die Luft auf die Erde zurückkehren mußte, um sich auszuruhen. Ihr wißt ja, wie das ist – der Zweck heiligt die Mittel.

Crab Apple
Holzapfel

Duschen, Haarewaschen, Kämmen, das *Crab Apple*-Kind pflegt sich sehr. Es achtet darauf, daß seine Fingernägel sauber sind, sein T-Shirt nicht müffelt. Fast schon krankhaft sauber, wechselt es zweimal täglich die Strümpfe, verbraucht Unmengen von Körperpuder und Duftwasser.

Es wird nie eine unbekannte Toilette benutzen, und seine Hände sind immer sauber, denn Erde faßt es nicht an, oder nur sehr vorsichtig, damit es sich nicht mehr als notwendig schmutzig macht. Besteck und Gläser werden überprüft, und es möchte für jeden Gang eine frische Gabel haben, ansonsten wird es die benützte sorgfältig an der Serviette abputzen.

Das *Crab Apple*-Kind kann sich seines Körpers schämen oder hat vielleicht unangenehme sexuelle Belästigungen hinter sich.

Crab Apple wird häufig bei Erythemen, Hautausschlag, Hautmalen, aber auch bei Katarrhen und Erkältungen gegeben. Es gilt als das reinigende Mittel im Bach-System. Man kann es auch dem Badewasser zusetzen, und es ist in der Salbe für den äußerlichen Gebrauch enthalten. Dieses Blütenmittel ist angezeigt in der Pubertät bei Problemen mit dem eigenen Körper, bei Jugendakne. Da es reinigende Eigenschaften besitzt, kann es bei Verdauungsproblemen helfen (manchmal hängen Bauchschmerzen ja mit dem »Nicht-loslassen-Können« zusammen), aber auch bei Allergien, Bronchitis und überall da, wo eine Reinigung angebracht erscheint.

Man sollte jedoch einen weiteren Aspekt dieses Blütenmittels nicht außer acht lassen: das Unbehagen, Unwohlsein. *Crab Apple*-Kinder fühlen sich häufig nicht wohl in ihrer Haut, fühlen sich unbehaglich, weil sie meinen, nicht »in Ordnung« zu sein: leider sind es unsere stereotypen Vorstellungen, die uns unter einem Pickel, einem Muttermal, einer Kartoffelnase oder ein bißchen Bauch leiden lassen. Der negative Status von *Crab Apple* führt uns zu der Annahme, wir hätten schmutzige Gedanken, weil wir vielleicht den Körper eines anderen kennenlernen wollen.

Crab Apple ist in der *Rescue Cream* enthalten, kann aber auch als Lösung für Bäder oder Umschläge oder als Reinigungslotion (bestehend aus 2–3 Löffeln Wasser und 2 Tropfen *Crab Apple*) angewendet werden. Nach der Einnahme vieler Medikamente wirkt es entgiftend.

Crab Apple	Ich befreie mich von unerwünschten Stoffen. Ich verdiene es, gesund zu sein. Ich behandle mich mit Zärtlichkeit und Interesse. Ich ermutige meinen Körper, sich zu heilen. Ich liebe mich.

Der Bär Tommy und die sauberen Pfoten

Im Wald zu leben und zu behaupten, sich nie die Pfoten dreckig zu machen, he, findet ihr nicht, daß das für einen Bären ziemlich schwierig ist? Man weiß nicht warum, Tommy hatte eine Heidenangst vor Mikroben. Wenn seine Kameraden einen Bienenstock fanden und mit den Tatzen hineinfuhren, um Honig zu schlecken, rannte er mit angewidertem Gesicht zum Bach, um sich zu waschen. Alle fingen schöne fette Fische; nur er benutzte Angel und Köder, putzte dann fein säuberlich den Fisch, entgrätete ihn, wusch ihn noch einmal, und noch einmal, bevor er ihn aß.

Seine Höhle war blitzblank, weil er Staub und Schmutz den Krieg erklärt hatte. Seine Tage verbrachte er mit Großputz in seiner Höhle und stundenlanger Körperpflege.

Die anderen Bären hänselten ihn. Bekanntlich pflegen Bären sich nun mal nicht alle drei Stunden Deodorant aufs Fell zu sprühen. Wie soll man nicht schmutzig werden, wenn man im Wald lebt? Und überhaupt diese Angst vor Mikroben und Krankheiten! Hat man je einen Bären gesehen, der sich Blut abnehmen oder den Blinddarm herausnehmen ließ, weil ein angefaulter Apfel ihm geschadet hätte?

Tatsache ist, daß es Zeit für den Winterschlaf wurde, und alle Bären fraßen, soviel sie konnten, weil sie Fett ansetzen mußten für die lange Schlafenszeit. Tommy dagegen war damit beschäftigt, seine Höhle zu wienern, die Fenster und alle Ritzen zu versiegeln, damit keine Mikroben hereinkamen. Er dachte nicht daran, für den Winterschlaf Fett anzusetzen, er hatte den Komplex, zu dick zu sein.

In den letzten Herbsttagen, kurz vor dem Winterschlaf, sah er, daß die anderen Bären sich die Bäuche mit Unkraut vollschlugen ... »Pfui Teufel!« sagte er empört, ging in seine Höhle, wusch sich ordentlich, putzte auch fein säuberlich die Zähne und legte sich schlafen: alles war in Ordnung.

Nach ein paar Tagen jedoch erwachte Tommy mit entsetzlichen Bauchschmerzen. Er begriff nicht, was mit ihm los war. Als er schlimmen Durchfall bekam, erschrak er fürchterlich und rannte zu dem ältesten Bären: »Wach auf, alter Bär, mir geht's schlecht, ich bin krank.«

»Wer zum Teufel stört mich mitten im Winterschlaf? Seit wann weckt man einen schlafenden Bären auf? Ach, du bist es, Tommy, was ist los, ist dir zufällig das Scheuerpulver aus-

gegangen? Oder bist du gekommen, um mir zu sagen, daß noch ein Pilz abgestaubt werden muß?«

»Nein, mir geht es schlecht, ich habe schreckliche Bauchschmerzen und auch – und auch ...«

»Ich habe verstanden, auch Durchfall, und nicht nur das, wenn du nicht so ein zimperlicher Bär wärst, hättest du bemerkt, daß du auch Würmer hast!«

»Nein, nein, keine Würmer, ich könnte sterben. Sag das nicht, das ist nicht möglich, ich esse wenig, keine Würmer!«

Der alte Bär antwortete: »Doch, doch, lieber Freund, so ist es, auch wenn ich weiß, daß du dich furchtbar ekelst. Du mußt entschuldigen, aber hast du – so wie wir alle – drei Tage vor dem Winterschlaf Bitterkraut gefressen, um deinen Darm zu reinigen?«

»Nein, dieses dreckige Kraut verursacht mir Ekel ...«

»Gut, du mußt wissen, mein lieber Bär – aber bist du überhaupt ein Bär? – du mußt wissen, sagte ich, daß wir Bären uns seit Anbeginn der Zeiten die Eingeweide reinigen, bevor wir monatelang unseren Winterschlaf halten, und zwar genau mit diesem Kraut ... sonst kriegt man Würmer und wird krank. Du dagegen bist so steril von Kopf bis Fuß, daß du schon krank wirst, wenn nur eine Ameise einen Fleck auf deinem Boden hinterläßt.«

»Muß ich jetzt sterben?« fragte Tommy verängstigt.

»Aber nein, du trinkst jetzt einen Tee aus Bitterkraut und in ein paar Stunden geht es dir besser. Hier, trink alles in einem Zug aus.«

Tommy schaute die Tasse an, sie schien ihm nicht sehr sauber. Er zögerte, aber als er den Blick hob, sah er, daß »jemand« die Tatze erhoben hatte. Er begriff, daß er diesmal einen Tritt bekommen würde, ... und zwar genau dahin, wo er es verdient hatte. Also kippte er den Trank in einem Zug hinunter und machte, daß er nach Hause kam.

Elm
Ulme

Wenn Sie den Eindruck haben, daß Schule, Schwimmen, Tanzen und Englischkurs – all das, was Sie Ihrem Kind aufgebürdet haben – »zuviel sind«, so zeigen Sie Reue (*Pine*), und geben Sie Ihrem Kind *Elm,* das bei jeder momentanen Schwäche hilft.

Falls dem Kind Zeiten voller Aktivität und Verantwortung bevorstehen, wie zum Beispiel Prüfungen, Aufsätze, Vorführungen, Wettkämpfe u. ä., aber auch bei sogenannten Wachstumsschmerzen, wenn der sich entwickelnde Kochenapparat eine Belastung aushalten muß, dann geben Sie *Elm.*

Bei der Behandlung von Psychosen kann dieses Blütenmittel dabei helfen, das allmähliche Erkennen und Bewußtwerden der eigenen psychischen Störung zu ertragen.

Ein Kind, das sagt: »Ich bin müde, ich kann nicht alle Aufgaben dieser Woche machen, das ist zuviel!«, braucht *Elm* und – eine weniger anspruchsvolle Lehrerin.

Es ist auf jeden Fall gut, wenn Sie dem Kind mit Entspannungs- und Regenerationsübungen auf der Grundlage von Atemtechniken und kreativer Visualisierung unter die Arme greifen. Haben Sie keine Angst, es fällt ihm leichter als uns. Verwenden Sie Szenen aus der Natur, in denen das Kind aus seiner Fantasie schöpfen kann, um ein Regenerationsmittel zu finden.

Das kann ein Baum oder ein Delphin sein, die Wahl bleibt völlig dem Kind überlassen; wichtig ist nur, daß das Kind lernt, in sich zu gehen, an die Quelle seines Wesens zu gelangen und sich daran zu gewöhnen, die Energie in Gang zu setzen, die es dort finden wird. Diese Übungen können im Kindergarten in den Ruhepausen gemacht werden, so daß das obligatorische Schläfchen nicht mehr als »Strafe« angesehen, sondern freudig angenommen wird als eine fantastische Gelegenheit zum Fliegen.

Am Ende des Buches finden sie einige kleine Meditationsschemen.

Für Heranwachsende ist *Elm* sehr wichtig, weil es anstrengend ist, allen Anforderungen gerecht zu werden: Schule und Hausaufgaben, körperliches Wachstum und Veränderungen (kombinieren Sie *Elm* mit *Walnut*). Alles drängt, groß zu werden, während man noch so gerne ein bißchen Kind bleiben würde; das alles erweist sich als schwierig und anstrengend.

Elm	Ich habe völliges Vertrauen. Ich verzichte darauf, Perfektionist zu sein. Ich bin nur verantwortlich für die Dinge, die ich beschließe. Ich habe die Hilfe, die ich brauche. Ich verzichte darauf, alles tun zu müssen.

Die Karriere-Ameise

Es war einmal eine sehr fähige Ameise. Sie konnte riesige Krümel transportieren und alles so gut organisieren, daß die anderen Ameisen sie mit jeder neuen Aufgabe betrauten: »Es muß ein Tunnel für die Kekskrümel gegraben werden, lassen wir das die Karriere-Ameise erledigen, dann wird es klappen. Und auch das Zählen der Reiskörner soll sie über-

nehmen, so sind wir sicher, daß es richtig gemacht wird: sie ist eine Perfektionistin.«

Auf diese Weise jedoch wurde die Arme geradezu mit Arbeit überhäuft. Niemand half ihr, aber da sie sich verantwortlich fühlte, arbeitete sie bis zur Erschöpfung: »Schließlich kann ich es und muß es tun. Wer soll es denn sonst machen?« Eines Tages jedoch, nachdem die Ameise gezählt und registriert, und wieder gezählt und wieder registriert hatte, hörte sie auf einmal eine innere Stimme rufen: »Ich kann nicht mehr, das ist alles zuviel.« Ihre Beine gehorchten ihr nicht mehr, und ihr kam es vor, als würde ein wahrer Berg sie erdrücken, aber wie konnte sie die Arbeit ausschlagen, die ihr anvertraut worden war?

Dazu mußte sie nur die folgenden Worte aussprechen, und so hörte man auf einmal im Ameisenhaufen: »Genug, es ist zuviel! Ich kann und will nicht mehr alles alleine tun, helft mir. Mir ist es egal, ob ich gut bin, jetzt bin ich nur müde, macht ihr euren Teil, ich kann nicht mehr!«

Die Ameisen blieben einen Augenblick sprachlos stehen, aber sie sahen ein, daß sie es übertrieben hatten. Die Karriere-Ameise schien ursprünglich ja froh gewesen zu sein, mit Arbeit überhäuft zu werden. Jedenfalls begannen sie, die Arbeiten gleich unter sich aufzuteilen, wie in jedem ordentlichen Ameisenhaufen. Jedem das Seine.

Gentian
Bitterer Enzian

Das *Gentian*-Kind verzagt aus allen möglichen Gründen. So kann ihm beispielsweise der kaputte Arm einer Puppe oder eines Stofftieres große Probleme und Mutlosigkeit bereiten.

Dieses Blütenmittel verabreicht man, wenn es in der Schule wirklich nicht klappt und das Kind sich niedergeschlagen fühlt, oder in all den Fällen, in denen es sich nach Trauer wieder fangen muß. Mit *Clematis, Chestnut Bud, Larch* und *Elm* ist es Bestandteil des »Prüfungsmittels«.

Denken Sie immer daran, Verständnis für das *Gentian*-Kind zu zeigen, wenn es trauert. Auch der Tod des Goldfisches ist ein schwerer Verlust, weil dieses Kind sensibler und gefühlsbetonter ist als wir. Es hat noch Zeit (leider nicht mehr viel), um zynisch zu werden, so wie wir ...

Außer bei schulischen Mißerfolgen ist *Gentian* geeignet für Rekonvaleszenten und um Enttäuschungen überwinden und wieder neu anfangen zu können.

Gentian-Kinder sind traurige Kinder und häufig krank. Man muß sich immer vor Augen halten, daß Krankheit oft eine Art Flucht ist, sich der Wirklichkeit, der jeweiligen Situation nicht stellen zu müssen, und im Grunde gefällt es diesen Kindern so, damit sie sagen können: »Ich werde niemals glücklich sein.«

Im allgemeinen verschlossen und schweigsam, zeigt das *Gentian*-Kind nur widerwillig für irgend etwas Interesse, auch weil dies eine Lösung des Problems wäre. Es ist bequem, mag keine Aktivitäten, für die Energie aufgewendet werden muß. Das *Gentian*-Kind leidet unter Allergien, denn als der Pessimist, der es ist, zieht es die Blütenpollen, auf die es allergisch reagiert, geradezu an und denkt: »Ich werde sowieso krank, so ist es nun mal!«

Mehr als alles andere müssen diese Kinder ihre Gedanken zum Positiven hin entwickeln, daher müssen wir ihnen dabei helfen, Mut zu fassen und an sich zu glauben, indem wir ihnen einen Anstoß geben, dem Glück etwas nachhelfen. Sie könnten sie zum Beispiel auffordern, einen Wunsch genauestens zu visualisieren, und wenn dieser dann wahr würde ...

Und zuletzt: Helfen Sie ihnen mit Musik. Fröhlichkeit ohne Musik und ohne Lieder ist wie ein Regenbogen in Grau und Beige.

Gentian	Ich fahre vertrauensvoll fort, das zu tun, was richtig ist. Ich weiß, daß jede Erfahrung eine wertvolle Lehre ist. Ich schaffe meine eigene Realität. Ich glaube an den Enderfolg. Ich bin entschlossen, durchzuhalten.

Wie traurig Ist Herrn Graus Welt

Herr Grau war nie zufrieden, seine Mundwinkel schienen nach unten festgeklebt zu sein, denn was er auch tat, nichts gefiel ihm. Wenn die Sonne schien, sagte er: »Oh, wie die Sonne brennt!« Wenn es regnete: »O nein, es regnet!« Alles, was er tat oder anfaßte, wurde traurig und grau.

Nicht, daß ihm alles hervorragend gelang. Tatsächlich mochte er seine Gründe haben, so mutlos zu sein ... Aber bei ihm war es so, daß er sich die Probleme geradezu suchte, er wußte schon im voraus, wie er es anstellen mußte, um einen schönen Tag zu verderben. Schimmerte da nicht ein Regenbogen hervor? Zack, berührte er ihn und ließ ihn grau werden, so konnte er sagen: »Wie traurig, alles ist grau!«, und begriff dabei nicht, daß er es war, der grau war.

Sein Nachbar Pierino machte Purzelbäume auf der Wiese, wenn die Sonne schien; wenn es regnete, vergnügte er sich damit, durch die Pfützen zu hüpfen, und wenn er einen Regenbogen sah, wirbelte er so lange um ihn herum, bis er selbst ganz bunt wurde. Aber er sah das Leben auch nicht grau in grau.

Herr Grau fand keinen Grund, zufrieden zu sein, er tat auch nichts, um einen zu finden, und so seufzte und jammerte er ständig. Pierino dagegen gelang es, alles und jedes mit seiner Fröhlichkeit bunt zu färben, auch die allerkleinste Kleinigkeit.

Ihr, die ihr mir zuhört, ihr müßt wissen, daß diese Geschichte keinen Anfang und kein Ende hat, sie ist nur ein Werbespot mit dem Slogan: »Nimm alles Grau aus deinem Leben ... die Welt ist voller Farben: nutze sie!«

Gorse
Stechginster

Hoffen wir, *Gorse* niemals bei Kindern anwenden zu müssen, aber das Leben konfrontiert uns mit Fällen, in denen auch Kinder chronisch oder unheilbar krank sein können oder sich einer Amputation unterziehen müssen. Dann hilft *Gorse*, indem es die Hoffnung stärkt. Es ist traurig und unangenehm, über dieses Thema zu sprechen, aber leider können auch Kinder todkrank sein und Hilfe benötigen.

Blaß, graugesichtig, dunkle Ringe unter tiefliegenden Augen, schwere Lider und schlechte Haut: viele Kinder, die aus großer Armut oder schlimmen Verhältnissen kommen, können diese Merkmale aufweisen. Es sind schwergeprüfte Kinder, ohne die für ihr Alter typische vitale Energie: sie sehen aus wie kleine Greise.

Gorse kann angezeigt sein bei massivem Schulversagen, wenn das Kind denkt, das alles nie mehr aufholen zu können, oder in Unglücksfällen, wenn es meint, keine Hoffnung mehr zu haben. *Gorse* ist für behinderte Kinder mit einem schwierigen, schwer zu ertragenden *Karma* eine große Hilfe.

Diese Kinder brauchen Sonne, Sonne, Sonne und Freude, eine richtige, energiereiche Ernährung. Sie müssen lachen und sich geliebt fühlen. Sie müssen verstehen, daß es immer, unter jeder Bedingung, eine Möglichkeit gibt, Freude zu erleben. Helfen Sie mit fröhlicher Musik und Vorführungen, heiteren Farben bei Kleidung und Umgebung, überschütten Sie diese Kinder mit bunten Konfetti, auch wenn der Karneval schon vorbei ist. Erweisen Sie ihnen Solidarität, nicht Mitleid: sie müssen spüren, daß sie in der Lage sind, allein auf ihren Füßen zu stehen. Sie helfen ihnen dabei, aber die Fähigkeit dazu liegt in ihnen: bringen Sie sie zum Ausbruch.

Unterschätzen Sie nicht die Kräfte, die Kinder in sich bergen können, die dieses Blütenmittel benötigen. Überzeugen wir uns davon, daß wir »nicht alles verstehen können«, daß vieles über das verstandesmäßige Denken hinausgeht, daß jedes Leben auf dieser Welt – wie Bach sagt – nur eine Seite unserer Lektion ist, und daher viele Seelen, deren Inkarnation in einem schwierigen, leidvollen Schicksal erfolgte, durchaus Teil eines göttlichen Plans sind, den wir vielleicht nicht erfassen können. Ich bitte Sie, den Brief eines behinderten Kindes am Ende des Buches zu lesen. Er wird Sie vielleicht bewegen, aber er ist nicht nur deswegen abgedruckt.

Gorse	Ich glaube an das Leben als solches. Ich beschließe, optimistisch zu sein. Ich glaube an mich selbst. Ich habe Erfahrung und vertraue in die Zukunft. Ich sehe die positive Seite.

Der Elf Gabrio und die Fee Hoffnung

Der Elf Gabrio war sehr krank. Gewöhnlich passiert dies den Bewohnern des Feenreiches nicht, aber wir wissen ja, daß ein Ereignis eintreten kann, wenn man es sich einbildet.

Gabrio war eines Tages von einem Baum gefallen, und nachdem er drei Monate lang in einem Gipsverband hatte liegen müssen, hatte er es sich in den Kopf gesetzt, daß er nie mehr würde laufen können, und so war es auch. Natürlich ist es nach so langer Zeit nicht einfach, sich zu bewegen, aber er versuchte es erst gar nicht, er fühlte, daß es vorbei war. Der Große Elf brachte ihm Tränke und Salben, und Gabrio wendete auch alles an, aber es wirkte nicht, weil er nicht mehr an eine Heilung glaubte.

Er ging nicht einmal mehr zu den Festen und aß fast nichts. »Schau, Gabrio, du singst doch nicht mit den Beinen! Komm zum Vollmondfest und spiele uns etwas auf der Flöte vor, du konntest so schön musizieren ...« So redeten ihm alle zu, und er ließ sich zwar mitschleppen, spielte aber nicht, lachte nicht, es schien, als wartete er nur darauf zu sterben, und so war es auch.

Eines Abends, auf dem Fest der Grillen, wurde er von einem Freund gefragt, warum er nicht noch einmal zu laufen versuchte oder wenigstens zu singen und zu spielen. Mit kläglicher Stimme antwortete Gabrio: »Ich habe keine Hoffnung ... es gibt keine Hoffnung.«

Als hätte er eine Zauberformel ausgesprochen, erschien neben ihm ein blendendes Licht, man hörte den hellen Klang von Glöckchen und Gelächter! Gabrio riß die Augen auf und sah ein wunderschönes Wesen mit langen grünen Haaren und einem süßen Lächeln. »Wer hat mich gerufen? Wer hat gesagt, daß es mich nicht gibt? Hier bin ich, ich bin die Fee Hoffnung, braucht mich vielleicht jemand?«

Gabrios Herz klopfte wie verrückt und seine Beine – was für ein Prickeln! Er verspürte große Lust, die Fee zum Tanzen aufzufordern – und, wer weiß, ihr vielleicht auch zu sagen, daß er sie liebte, aber wie sollte er das anstellen?

»Dann will niemand mit mir tanzen?« Arme kleine Fee, was für eine Enttäuschung! Aber an diesem Punkt beschlossen Gabrios Beine praktisch von allein, aufzustehen und auf die Tanzfläche zu springen. Die ganze Nacht wirbelte er mit Hoffnung herum und ließ sie nie mehr los.

Heather
Heidekraut

Ich nenne diese Blüte auch »Ich will Zärtlichkeit, aber wie soll ich es dir sagen?«. Denn *Heather*-Kinder brauchen die Erwachsenen. Egozentrisch versuchen sie, die Aufmerksamkeit auf sich zu ziehen, doch dies geschieht nicht aus Egoismus, sondern ist für sie eine Notwendigkeit. Wir brauchen uns deshalb keine Schuldgefühle zu machen (falls wir nicht sowieso schon welche haben): Wichtig ist nur, daß wir die Kinder verstehen und ihre Bedürfnisse befriedigen.

Heather-Kinder reden viel, hören anderen nicht zu; sind hyperaktiv und neigen manchmal zu Hypochondrie: um auf sich aufmerksam zu machen, werden sie krank.

In einigen Fällen ist das Essen der direkteste Weg, um die Familienangehörigen zu packen: entweder verweigern sie es oder schlingen gierig alles in sich hinein (sie füllen die affektive Leere mit Süßigkeiten als Ersatz für Zärtlichkeit).

Im allgemeinen sind es anstrengende Kinder, weil sie unsere Energie mißbrauchen, aber auch hier handelt es sich einmal mehr um eine Demonstration ihres Liebesbedürfnisses. Sie müssen mit Liebe versorgt werden, weil sich dieser Mangel sonst später bei ihnen als Erwachsenen bemerkbar macht.

Ich weiß, daß es einfach ist, alles, was ich gerade gesagt habe, zu leugnen und zu behaupten: »Wieso Mangel an Liebe? Mein Kind hat doch alles! Ihm fehlt nichts!« Überlegen wir ehrlich, ob das wahr ist oder nur ein Alibi für uns.

Vielleicht brauchen ja auch wir *Heather* – denn wenn unser Becher leer ist, kann er den Durst anderer nicht mehr stillen.

Kinder im negativen *Heather*-Status neigen dazu, Exhibitionisten zu sein, und auch kleine Nervensägen, sprechen wir es ruhig aus. Sie trinken in großen Schlucken (im Gegensatz zum *Mimolus*-Kind, das wie ein Vögelchen trinkt), essen unmanierlich, spielen hyperaktiv und haben schon nach fünf Minuten die Lust dazu verloren. Obwohl sie ein starkes Bedürfnis nach Gesellschaft haben, werden sie im allgemeinen von ihren Kameraden gemieden, weil sie immer alles auf sich ziehen wollen. Sie fordern und können nichts geben, aber all das rührt von der Tatsache her, daß sie sich einer Sache beraubt fühlen, die sie erwarten.

Für diese Kinder sind Rollentauschspiele gut geeignet, damit sie lernen, die Ansprüche der anderen zu respektieren, aber auch Spiele, bei denen es tatsächlich um behutsame, zärtliche Berührungen geht: Massagen mit den Händen oder kleinen Bällen, Blindekuh, wo man den anderen berühren und erkennen kann, auf einer Matte toben, mit dem dazugehörigen Herumkugeln, Umarmen. Sie brauchen Freunde, viele Freunde, damit sie lernen, mit ihnen zu teilen: vergessen wir nicht, daß *Heather* im positiven Status der gutmütige Freund, der gute, fröhliche Optimist ist, immer auf der Suche nach Freude – was mir ein Geburtsrecht von uns allen zu sein scheint!

Unterschätzen Sie nicht die Möglichkeit, *Heather* fast immer beizugeben, denn ob gut oder schlecht, in fast jeder Verhaltensweise liegt der große Wunsch, geachtet, gehört zu werden. Eine Blüte mehr schadet nicht, »mißbrauchen« Sie diese ruhig. *Heather* ist die am meisten kindgerechte Blüte – und vergessen Sie das Kind in Ihnen nicht, es ist da und ruft seit Jahren.

	Ich kümmere mich um all meine Bedürfnisse.
	Ich bin ein bereitwilliger Zuhörer.
Heather	Ich bin immer bereit zu helfen.
	Ich liebe es, Zeit allein zu verbringen.
	Ich verzichte darauf, hilfsbedürftig zu sein.

Theresa Blablabla

Theresa hatte sehr gerne Gesellschaft, sie fürchtete sich vor dem Alleinsein.

Sie liebte es, zu schwätzen und von sich zu erzählen, während es ihr schwerfiel, ihren Freundinnen zuzuhören. Sobald eine sagte: »Mir ist folgendes passiert ...«, unterbrach sie sie sofort und sagte: »Mir auch, bla bla bla.«

Bla bla bla heute, bla bla bla morgen. Obwohl Theresa so gerne Freundinnen gehabt hätte, vereinsamte sie immer mehr, und sie fragte sich, warum: »Wieso nur, ich bin so gesellig und sie wollen nichts mit mir zu tun haben. Ich will nicht stundenlang allein bleiben wie Francesca, die malt, oder wie Rosetta, die Deckchen stickt ...«

Zu alledem brachte Theresa in der Gruppe nichts fertig, man mußte ihr immer helfen wie einem Baby, kurz und gut, sagen wir es ruhig, sie war eine große Belastung, darum wurde sie gemieden.

Die Stille um sie herum war ein Alptraum, und so wählte sie eines Tages, als sie allein zu Hause war, nur um eine Stimme zu hören, die Nummer der Telefonhoroskopansage. Bei ihrem Sternzeichen angekommen, hörte sie die Stimme auf dem Band sagen: »Du bist nicht der Mittelpunkt des Universums, es gibt nicht nur dich auf der Welt, dein Geschwätz und deine Probleme ermüden die anderen und saugen ihre Energie aus. Wenn du dich ändern willst, mußt du lernen, auch den anderen zuzuhören, und nicht nur das, du mußt deinen Teil dazu tun: hör auf mit deinem Gejammer.«

»Was für ein Blödsinn«, dachte Theresa und legte auf. Später dann, als sie etwas suchte, womit sie sich beschäftigen konnte, hörte sie eine leise Stimme sagen: »Bist du sicher, daß es Blödsinn ist? Mir scheint es fast wie Zauberei: diese Nachricht paßt genau auf dich, hör sie dir nochmals an ...«

Wer weiß, wessen Stimme da sprach. Tatsache ist, daß Theresa das Horoskop noch einmal abhörte und zugeben mußte, daß es genau auf sie paßte.

Wie seltsam ist doch das Leben! Ein einfacher Telefonanruf bzw. zwei hatten Theresa die richtige Lektion erteilt, die sie lernen mußte. Jetzt ist sie wirklich eine sympathische Freundin, sie arbeitet in der Gruppe ihrer Freundinnen mit, kann zuhören und kann helfen, und sie kann auch ein bißchen alleine bleiben – schließlich gibt es ja das Telefon!

Holly
Stechpalme

»Das ist wirklich ein böses Kind! Es macht alles kaputt, haut seinen Bruder, ist auf ihn eifersüchtig!« In Wahrheit ist das *Holly*-Kind nicht böse, sondern nur zornig. Haß, Groll, Eifersucht, Neid sind nur Gefühle, und wir kennen sie selbst sehr gut! Nein? Sie nicht? Das ist eine Lüge!

Ich empfehle *Holly* immer, wenn ein neues Geschwisterchen zur Welt kommt oder ein kleiner Cousin, auch wenn es Ihnen nicht notwendig erscheint, weil das größere Kind das Neugeborene sehr lieb hat. Glauben Sie mir, es ist besser, wenn Sie *Holly* geben: es tut gut und schadet nicht.

Wenn das Kind streitlustig ist, gewalttätig, zornig, immer wenn es Ihnen »ungezogen« erscheint, denken Sie bitte nach, was eine derartige Verhaltensweise ausgelöst haben könnte.

Das *Holly*-Kind sucht Streit, will nicht um Entschuldigung bitten, hat viel Wut im Bauch, die heraus muß. Also helfen wir ihm, zählen wir gemeinsam brüllend von eins bis dreißig oder singen wir lauthals ein unanständiges Lied. Regen Sie sich nicht auf, für die Kinder ist es schon ungehörig, wenn nur das Wort »Scheiße« oder etwas ähnliches darin vorkommt. Machen Sie Kissenschlachten, und bewerfen Sie sich, wenn das Wetter es zuläßt, mit eiskalten Wasserbomben.

Es nützt nichts, dem Kind bei einem Wutanfall zu sagen, es solle aufhören und sich beruhigen oder – schlimmer noch – »Vernunft annehmen«. Erfinden wir lieber etwas, was das

Kind besänftigt, denn im Grunde schreit ein *Holly*-Kind nur: »Hilfe, ich will Liebe, ich finde sie nicht und so werde ich wütend.«

Geben Sie aggressiven Kindern fleischarme Kost. Auch Obst, das zu Alkohol vergärt, sollte mit großem Abstand zu den Mahlzeiten gegessen werden, und immer nur eine Sorte auf einmal. Bieten Sie lieber Mandeln an.

Und was neue Geschwisterchen betrifft, so habe ich noch nie sehr daran geglaubt, daß es nützt, die Großen beim Wickeln helfen zu lassen. Reservieren Sie ihnen lieber privilegierte Augenblicke wie zum Beispiel mit Papa eine Pizza essen gehen und das »zahnlose« Balg zu Hause lassen oder irgendein schönes Spiel, am »späten« Abend, wenn das Baby schläft ...

Holly	Ich bin eins mit der Welt. Ich öffne mein Herz den anderen. Ich strahle Liebe, Freude und Glück aus. Ich sehe es gerne, wenn die anderen Erfolg haben. Ich verdiene die Liebe der anderen.

Das zornige Ungeheuer

Ein Ungeheuer ist ein Ungeheuer, es ist böse aus Tradition. Gronco war auch noch sehr zornig, man hielt sich besser von ihm fern. Man konnte große Felsbrocken an den Kopf bekommen, wenn man in seine Nähe kam, daher war er oft sehr allein – und wurde dann zornig, weil er alleingelassen wurde ... Sobald er jemanden sah, der glücklicher war als er, wurde er neidisch und wütend und begann zu treten und zu schlagen und mit Steinen zu werfen.

Das wäre immer so weitergegangen, wenn Gronco sich

nicht eines Tages gefragt hätte: »Warum bin ich eigentlich so zornig? Was ist das für eine Wut in mir, die mich so gewalttätig und so böse macht? Vielleicht könnte ich ein gutes Ungeheuer sein. Aber was sage ich da, Ungeheuer sind böse. Punktum.«

Das war nicht wahr, Gronco war davon überzeugt und wußte, daß auch er glücklich sein konnte, aber in seinem Innern hatte er diesen zornigen Ungeheuerknoten, und er überlegte, wann das begonnen hatte. Vielleicht als seine Schwester zur Welt gekommen war, das kleine Ungeheuer Gertrude, und alle ihr sagten, wie hübsch sie sei – oder vielleicht, weil er einmal gehofft hatte, der Weihnachtsmann würde auch ihm ein Geschenk bringen, er aber nichts erhalten hatte?

Ungeheuer bekommen keine Zärtlichkeiten, keine Geschenke, sie müssen böse werden – und welche Methode wäre besser geeignet, um böse zu werden? Du kannst nichts dagegen tun, absolut nichts, und du wirst böse. Ja, du möchtest gerne Liebe, du findest keine und wirst wütend ... so geht das!

Gronco begann zu weinen, er wunderte sich über sich selbst, weil ein Ungeheuer nie weint, aber es tat ihm gut, er fühlte, daß die Tränen das ganze Leid wegwuschen und den Knoten lösten. Er weinte so viel, so sehr, daß er erschöpft einschlief, und ihm träumte, er wäre noch ganz klein: Mama Ungeheuer streichelte ihn und sang ihm ein Schlaflied, er spielte mit den kleinen Kätzchen, und unter dem Weihnachtsbaum lagen viele Päckchen vom Weihnachtsmann mit einem Zettel, auf dem stand: »Für den kleinen Gronco, weil er so lieb ist!« Als er im Traum diesen Satz las, mußte er wieder weinen, aber seine Tränen fielen auf die Wiese und ließen um ihn herum Tausende von bunten Blumen wachsen. Schmetterlinge kamen angeflogen, und Vögel sangen. Er schlug die Augen auf und lächelte über diesen süßen Anblick: soviel Zärtlichkeit nur für ihn. Er wischte sich über die Augen, putzte sich die Nase und begann ein Kaninchen zu streicheln: er war frei, frei von seiner Maske des Bösen.

Lachend sagte er: »Jetzt fehlt nur noch der Weihnachtsmann!« Kaum hatte er es gesagt, und obwohl der 15. Juli war, kam ein mit Glöckchen geschmückter Schlitten aus den Wolken und brachte Gronco alle Geschenke, die er als Kind gerne gehabt hätte. Es schien ein Wunder, aber Wunder geschehen öfter, als ihr denkt. Wir haben dich gern, Gronco!

Honeysuckle
Geißblatt

Honeysuckle ist für Kinder mit Heimweh, für die ersten Schultage und für Kinder, die fest in der Vergangenheit verharren, die sich weigern zu wachsen und die nicht erwachsen werden wollen, wie Peter Pan; sie können Teenager sein und immer noch mit ihrem mittlerweile von den Jahren ziemlich mitgenommenen Teddy in Urlaub fahren.

Wenn Kinder ins Ferienlager oder zu den Großeltern geschickt werden müssen, hilft *Honeysuckle* ihnen, die Ferien ohne übermäßiges Heimweh zu verbringen. Es ist ebenfalls angezeigt bei Jugendlichen, die sehr kindliche Verhaltensweisen beibehalten und den normalen Entwicklungsprozeß verweigern, oder Kindern, die in Gemeinschaften, zum Beispiel im Internat, leben müssen oder in die Obhut anderer Familien gegeben werden.

In diesen Kindern muß der Kontinuitätssinn entwickelt werden, sie müssen mit der Tatsache vertraut werden, daß die Vergangenheit wertvoll ist, daß Erinnerungen wichtig und schön sind, aber daß man nur im Hier und Heute leben kann.

Wenn wir ihnen dabei behilflich sein müssen, eine Angewohnheit abzulegen, wie den Schnuller oder die Schmusedecke, kombinieren wir *Honeysuckle* mit *Walnut*, das für Veränderungen gut ist und dabei hilft, eine Bindung ohne allzu großes Leid zu beenden.

Doch Vorsicht, könnte es sein, daß Sie selbst Ihr Kind daran hindern, erwachsen zu werden? Wir Eltern finden es nicht nur schön, zu sehen, wie unsere Kinder groß werden, sondern auch beunruhigend, aber gerade darin liegt die Kunst, gute Eltern und Erzieher zu sein: sie ohne Bedauern erwachsen werden zu lassen. Das ist das Leben.

Honeysuckle	Ich verzichte auf alte Erinnerungen, die mich festhalten. Ich komme aus meiner Vergangenheit und gehe meiner Zukunft entgegen. Ich lebe in der Gegenwart. Ich stürze mich ins Leben. Ich heiße die Zukunft willkommen.

Von Eduardo, der nicht vorwärtsgehen wollte

Eduardo lebte in der Welt von gestern, ständig betrachtete er seine Kinderbilder und sagte: »O wie schön, was war ich für ein süßer kleiner Junge.« Dabei hatte er schon Schuhgröße 39 – und klein war er auch nicht mehr.

Er setzte alles daran, sein Ziel zu erreichen, er stellte die Uhr nach, zeichnete Filme auf, um sie sich im nachhinein anzuschauen, tat wenig für die Schule, damit er nichts lernte. Auch im Zug setzte er sich immer entgegen der Fahrtrichtung, so kam es ihm vor, als könnte er rückwärts fahren, in seine Kindheit.

Die paar Freunde, die er hatte, nannten ihn Peter Pan, weil er, wie der Held der gleichnamigen Geschichte, nicht erwachsen werden wollte. Nur daß der Peter im Märchen tausend Abenteuer erlebte, und Eduard kein einziges.

Er verbrachte seine Tage damit, sehnsüchtig die alten Fotos und das liebe Fläschchen zu betrachten und mit seinem Teddy zu schmusen, während seine Schulkameraden auf dem Sportplatz oder bei den Pfadfindern waren. Er aber wollte sich nicht von seinem Zuhause, seiner Mutter, seinen Sachen entfernen; er wollte nicht vorwärtsgehen, sondern immer nur zurück. Das ging so weit, daß er sich die Schuhe verkehrt herum anzog und die Kalenderblätter wieder anklebte, weil er sich vormachte, die Zeit würde so stehenbleiben.

Da kam eines Tages das Leben vorbei und erkannte Eduardo nicht wieder. Wie hätte es das auch gekonnt, da er immer in der Vergangenheit lebte? Das Leben schaute ihn neugierig an und sagte: »Worauf wartest du? Wem läufst du hinterher? Du tust nichts, du lebst nicht. Du brauchst keine Angst vor der Gegenwart und der Zukunft zu haben, da bin nur ich, das Leben: komm in meine Arme.«

Eduardo zögerte, aber er konnte riechen, daß das Leben einen herrlichen Duft hatte. Zuerst kostete er es, dann stürzte er sich glücklich hinein, und schließlich beschloß er, erwachsen zu werden.

Wie alle Geschichten hat auch diese ein gutes Ende. Aber was heißt hier Ende? Für Eduardo war das erst der Anfang.

Hornbeam
Hainbuche

Wenn Kinder morgens nicht wach werden wollen und nur mühsam aufstehen, ein bißchen betäubt sind, womöglich über Augen- oder Kopfschmerzen klagen, wenn sie vielleicht viel ferngesehen oder lange am Computer gespielt haben, in all diesen Fällen wirkt *Hornbeam* wie eine frische belebende Dusche. Bei Fieber hilft es zusammen mit Rescue, den Kopf wieder klar zu machen.

Wenn einem Kind die Schule mal »schwerfällt« und es mehr mentale Energie benötigt, um seine Pflichten zu erfüllen, erweist sich *Hornbeam* als sehr wirkungsvoll.

Es ist auch zu empfehlen, wenn es einen »Raum für sich selbst« finden muß, wenn es nicht genug Energie hat, um einen Prozeß in Gang zu bringen, kurzum in Augenblicken der Müdigkeit.

Falls Augen und Kopf nach »Exzessen« schmerzen oder die Ohren nach stundenlanger »harter« Musik dröhnen, dann helfen Baumwollkompressen mit *Hornbeam* auf den Augen, die Spannung abzubauen.

Erzieherinnen sollten einmal versuchen, ein paar Tropfen diese Blütenmittels in die Zimmerecken zu träufeln, wenn sie den Eindruck haben, daß die Schüler ein bißchen zu träge sind, und nach den Ferien, wenn ein Energiestoß unbedingt notwendig ist.

Wenn Kinder über Kopfweh klagen und Sie wissen, daß Müdigkeit oder Überreizung die Ursache ist, dann greifen

Sie nicht gleich zu einem Analgetikum! Versuchen Sie es mit *Rescue* und zwei Tropfen *Hornbeam*, wenn nötig alle fünf Minuten. Lassen Sie das Kind sich in einem dunklen Raum legen, und lesen Sie ihm eine der Fantasiereisen vor, die Sie weiter hinten im Buch finden. Wenn es einschläft, um so besser: das bedeutet, es hatte Schlaf nötig.

Hornbeam	Ich habe die Energie, die ich brauche. Ich bin stark und ganz da. Ich lebe mein Leben ohne Anstrengung. Ich bin wach und frisch. Ich nehme das Leben, wie ich es will.

Ich bin sooo müde!

Morgens aufstehen, das war für Herrn Ettore ein großes Problem. Auch wenn er geschlafen hatte, fühlte er sich schon wieder müde, und er hatte überhaupt keine Lust, arbeiten zu gehen.

Ein Kaffee oder zwei, ein Gähnen und los, aber er hatte einen schweren Kopf; nicht einmal die Dusche konnte ihn beleben. Er beschloß, Vitamine zu sich zu nehmen, um sich ein bißchen besser in Form zu fühlen, aber mit wenig Erfolg: er war immer müde.

Als er eines Tages in den Spiegel schaute, sah er, daß etwas Seltsames mit ihm passiert war: um seinen Kopf schwebten bunte Rauchwölkchen, und er fragte sich gerade, was das für eine Hexerei sein mochte, da bemerkte er, daß er auch am Körper mit Wölkchen bedeckt war. Sonderbarerweise hatten sie die Form seines Gesichts und gähnten andauernd.

Seine Müdigkeit hatte Gestalt, hatte feste Formen angenommen, und nun gestattete sie ihm nicht mehr, irgend etwas zu tun. Selbst hinsetzen und lesen oder fernsehen war ein Problem. Mit all den Wölkchen um ihn herum schien er wie in Watte zu leben: was sollte er nur tun?

Herr Ettore probierte ein spezielles Algenschaumbad aus, ein Ameisenvernichtungsmittel, ja er schluckte sogar sieben Zitroneneiswürfel: nichts geschah, aber wenigstens waren die Eiswürfel besser als das Ameisenmittel.

Um sich von diesen Müdigkeitswolken zu befreien, versuchte Herr Ettore, ganze Tage lang zu schlafen, aber auch das änderte nichts. Eines Tages beschloß er, sich nicht mehr darum zu kümmern und sich damit abzufinden. Er kaufte sich ein schönes Rennrad – das hatte er sich schon immer gewünscht –, und los ging's mit voller Geschwindigkeit.

Ihr werdet es nicht glauben, aber die Müdigkeitswölkchen, faul wie sie waren, konnten nicht mit Herrn Ettore Schritt halten, der mit aller Kraft in die Pedale trat ... und das Problem war mit einem Schlag – beziehungsweise mit zwei Rädern und einem Lenker – gelöst.

Impatiens
Drüsentragendes Springkraut

Bei einem *Impatiens*-Kind werden Sie bald sagen: »So ein Schussel.« Nervös und aufgeregt, macht es alles in Eile, fängt alles an und hat dann keine Lust mehr. Es stolpert und fällt, weil es zu schnell ist. Dieses Kind leidet unter allen Arten nervöser Tics, sein Rhythmus ist schneller als der Durchschnitt, es ist wohl auch sehr geschickt, aber nicht in der Lage, sich dem Tempo der anderen anzupassen. Es kann sich häufig Zerrungen und Verstauchungen zuziehen, ißt hastig und gierig, ohne zu kauen.

Juckreiz, Dermatosen und auch Magen- oder Bauchkrämpfe können mit *Impatiens* kuriert werden.

Das *Impatiens*-Kind ist nicht fähig, mit anderen Kindern zu spielen oder zu lernen, weil es deren langsameren Rhythmus nicht akzeptiert: In einer halben Stunde fängt es vier verschiedene Spiele an. Es stößt sich häufig oder wird in kleine Unfälle im Haushalt verwickelt. Hyperkinetisch, nie in Ruhe, kann es aufgrund seiner Ungeduld stottern oder auch wegen seiner Eßweise unter Verdauungsstörungen leiden.

Natürlich wird es schwierig sein, diese Kinder an Ruhe zu gewöhnen, aber es gibt Spiele, bei denen sie lernen können, abzuwarten, bis die anderen fertig sind und sie an die Reihe kommen. Bringen Sie ihnen bei, Vergnügen an der Ruhe zu finden, an der Entspannung während einer Fantasiereise, bei der ihr flinker Verstand ausschweifen, ihr Körper jedoch still liegen und Streß abbauen kann. Möglicherweise schlafen diese Kinder schlecht. Führen Sie dann einen »Ritus« ein, immer denselben, der den Kindern hilft, sich gehen zu lassen. Sie sollten auch gezielt langsame Bewegungsübungen machen, Yoga für Kinder, sanfte Gymnastik, Eurythmie.

Meditation mag als zu großes Wort erscheinen, doch in Wirklichkeit kann diese auch schon von den Kleinen geübt werden. Bedenken Sie, daß transzendentale Meditation – mit all den Wohltaten, die sie mit sich bringt – bereits im Alter von vier Jahren begonnen werden kann. Vor allem Kinder, die *Impatiens* brauchen, können im Meditieren eine wertvolle Unterstützung finden. Es genügen schon ein paar Minuten am Tag, um den ganzen aufgestauten Streß abzuladen und um sich daran zu gewöhnen, auf die Stille, die Stimme unseres Körpers und unsere Empfindungen zu lauschen.

Impatiens	Ich habe Geduld und Verständnis. Ich habe alle Zeit, die ich brauche. Ich finde die Zeit, die anderen zu schätzen. Ich lebe mein Leben ruhig und freundlich. Ich nehme die Dinge mit Ruhe, wenn ich mich für etwas entscheide.

Die Fee Diletta

Daß Feen temperamentvoll sind, das weiß man ja. Ich meine nicht die Feen mit spitzem Hut und Zauberstab, ich meine diese quirligen Wesen mit den kleinen goldenen Flügeln. So wie Glöckchen bei Peter Pan. Wißt ihr noch? Genauso eine. Diletta war noch dazu immer ungeduldig und in Eile, niemals fandest du sie bei der Gruppe der anderen Feen, wenn die Zeit gekommen war, die Glöckchen zu läuten: Diletta war schon auf die Wiese geflitzt und hatte die Hälfte der Arbeit getan. Weil sie es so eilig hatte, stieß sie manchmal gegen einen Baum oder einen Pilz, und so war sie immer voller blauer Flecken und Pflaster.

Wenn sie sah, wie langsam ihre Gefährtinnen waren, schnaubte sie ungeduldig und zog es vor, die Arbeit allein zu machen. Ihr Rhythmus war für die anderen unhaltbar, und sie begriff nicht, wie man Zeit vergeuden konnte, um einen Sonnenuntergang oder einen glitzernden Tautropfen auf einem Grashalm zu betrachten. Auch Dilettas Schlaf war unruhig, und sie war ein wenig barsch im Umgang mit den anderen. Wenn eine Fee eine Blüte putzte, kam sie an und sagte: »Laß mich das machen, ich bin schneller als du, du Schnecke.« Sie konnte einfach nicht akzeptieren, daß die anderen Feen anders waren, und so vereinsamte sie immer mehr. Als sie eines Tages gerade Salbe auf eine ihrer unzähligen Beulen schmierte, sah sie eine größere Fee, eine mit einem spitzen Hut, die schöne, glitzernde Tauperlen aufreihte, daß auch Diletta so eine Kette haben wollte.

Sie ging zu ihr hin und fragte: »Kann ich mir auch so eine machen?«

»Ja«, antwortete die Fee. »Versuche es. Du mußt die Tauperlen ganz ruhig nacheinander auf einen ganz dünnen Grashalm fädeln.«

»Ja, ja, ich habe verstanden, ich mache es gleich, ich hab's eilig, ich bin schnell, ich will die Kette sofort ...«, und vor lauter Hast und Eifer hatte sie nur noch – Wasser in der Hand.

»So geht es nicht, meine Kleine, so wirst du deine Perlen nie bekommen, Eile ist eine schlechte Gefährtin, du brauchst mich.«

»Wieso? Wer bist du?« fragte Diletta.

»Mein Name ist Geduld, und es ist Zeit, daß du mich kennenlernst.«

So wurden sie Freundinnen, Diletta lernte, Geduld und Verständnis für die anderen zu haben, sie fand die Zeit, die Augenblicke der Ruhe zu schätzen, und wurde freundlicher. Jetzt war sie wirklich eine nette Fee.

Larch
Lärche

Das *Larch*-Kind hat kein Selbstvertrauen, fühlt sich schon von Anfang an als Verlierer und wagt nichts. Es wird nie eine Rolle bei einer Schulaufführung übernehmen oder mit anderen darum wetteifern, wer den höchsten Salto springen kann, weil es denkt, daß es das sowieso nicht kann.

In der Schule braucht man *Larch* sehr häufig ... Die Antwort auf das Warum überlasse ich Ihnen. Nehmen wir uns also vor unseren negativen Verhaltensmustern – sowohl dem Kind als auch uns selbst gegenüber – in acht. Wenn das Kind sich angewöhnt hat, zu denken, daß es ihm schlecht ergehen wird, dann wird es ihm auch immer schlechter gehen. Helfen wir ihm also, damit es nicht auf Versagen programmiert wird.

Wir sollten dem *Larch*-Kind immer wieder positive Dinge (zumal die nichts kosten!) sagen, es an Aktivitäten ohne Wettbewerbs- oder Konfrontationscharakter teilnehmen lassen, bei denen jedoch seine Fähigkeiten und seine Kreativität gelobt werden; zum Beispiel abstrakte Malerei, Aquarellmalerei nach Steiner, Kollagen aus Papier und Abfallmaterial.

Das positive Denken funktioniert wirklich, gewöhnen wir das Kind also daran, Vertrauen in alles zu haben, was es tut, auch in die kleinsten oder unbedeutend erscheinenden Dinge. Für das Kind könnte es schon ein Erfolgserlebnis sein, allein den Toaster in Betrieb zu setzen und uns den besten

Toast unseres Lebens zu servieren, wenn wir es nur ermutigen und vor allem dieses Vorhaben mit absoluter Selbstverständlichkeit erlauben. Es wird nicht so schwierig sein, unbemerkt aufzupassen, daß alles gut geht. *Larch* ist jedenfalls ein Korrektiv für Versagensängste, also benutzen wir es immer dann, wenn wir Erfolge wünschen. Gibt es überhaupt Momente, in denen es ratsam ist zu verlieren?

Auch beim Spielen müssen wir dem *Larch*-Kind die Sicherheit geben, daß alles gutgeht, indem wir ihm sagen, daß ein Spiel nur ein Spiel ist. Betrauen wir es außerdem mit Aufgaben unseres Vertrauens, aber richtigen, keinen vorgetäuschten, bei denen es sich blöd vorkommen muß. Einem Schüler zu sagen: »Nimm du bitte das Klassenbuch, weil ich ins Direktorat muß«, ist etwas ganz anderes als: »Prima, wie du das Papier in den Abfalleimer werfen kannst!« Kurz und gut, wir dürfen uns nicht über den lustig machen, der sowieso ständig in der Furcht lebt, etwas Falsches zu tun.

Vertrauen ist die Grundlage jeder Unternehmung. Wenn ich denke, daß es mir schlecht ergehen wird, wird es mit großer Wahrscheinlichkeit auch so kommen. In unserer Gesellschaft müßte *Larch* aus den Wasserhähnen fließen, so verbreitet ist die Furcht, etwas nicht zu schaffen, und die Schule hilft unseren Kindern bestimmt nicht ... Aber wir, was tun wir?

Wenn wir in uns selbst vertrauen, sind wir uns bewußt, *einmalig* zu sein und wunderschön in unserer Einmaligkeit, alles läuft besser, aber leider neigen wir dazu, uns mit den anderen zu messen, uns zu große Erwartungen zu schaffen, an die wir nie zu glauben wagen – und so werden wir von unserem Mangel an Selbstvertrauen beeinträchtigt. Im *Pine*-Kapitel werden Sie ein paar Dinge zum Thema Schuldgefühl finden, welches ein Derivat unseres fehlenden Selbstvertrauens ist: wenn wir keinen Erfolg haben, fühlen wir uns schuldig.

Larch ist überall da angezeigt, wo wir ein Zaudern sehen, ein Sichzurückziehen. Häufig bekommt man in der Schule nicht so gute Noten, daher verspürt man keinen Anreiz, etwas Neues zu versuchen oder neue Interessen zu entwickeln.

Lassen Sie sich nicht von dem falschen Selbstvertrauen hinters Licht führen, das sich in unverschämtem oder herablassendem Benehmen äußern kann; häufig steht dahinter ein Minderwertigkeitskomplex, der sich in der Übertreibung des Gegenteils manifestiert.

Larch mit anderen Präparaten zu kombinieren schadet nicht, es ist jedenfalls immer besser, es zu benutzen, als es nicht zu tun!

Larch	Ich handle mit völligem Selbstvertrauen. Ich erwarte immer, Erfolg zu haben. Jede neue Herausforderung erregt mich. Ich handle kühn und bestimmt. Ich drücke mich kreativ aus.

Das mach' ich nicht; das mach' ich nicht

Dörrpflaume war ein Gnom. Damit er beim Steinewerfen nicht daneben warf, machte er gar nicht erst mit; damit er beim Blättermalen keine schlechte Figur abgab, machte er gar nicht erst mit; wenn abends im Wald getanzt wurde, blieb er sitzen; wenn die anderen sangen, blieb er stumm; selbst bei den Würfelspielen machte er nicht mit – so sicher war er, daß er verlieren würde! Man kann nicht gerade sagen, daß er ein schönes Leben hatte, er wollte ja nie etwas riskieren, nie etwas probieren, alles, was er notgedrungen tun mußte, geriet ihm wirklich daneben, weil er schon mit dem Gedanken an die Arbeit ging, daß es so kommen mußte. »Jetzt muß ich Holz hacken: bestimmt bricht mir die

Axt entzwei oder es beginnt zu regnen.« Und so geschah es auch, denn wenn man einen Mißerfolg vorprogrammiert, zieht man ihn mit Sicherheit auf sich!

Wenn er Erdbeeren suchen ging, dachte er, daß er bestimmt nur faule finden würde. Er zögerte so lange, daß er als letzter hinkam – und tatsächlich nur noch faule fand! »Ich wußte es, ich wußte es«, jammerte er und ging ganz traurig wieder nach Hause. Man sollte nun denken, das nächste Mal würde er früher gehen, oder? Aber nein, er beschloß, überhaupt keine Erdbeeren mehr zu sammeln.

Eines Tages wurde im Wald ein Mückenballturnier veranstaltet, ein herrliches Spiel, das nur die Gnome kennen. Dörrpflaume war ein sehr guter Spieler und erzielte immer viele Treffer, aber damit er nicht mitmachen mußte, versteckte er sich im tiefen Wald und schlief unter einer Lärche ein.

Diese Lärche war jedoch ein Zauberbaum, seine Zweige konnten Gedanken und Ängste einfangen, aber nicht nur das, sie konnten jedes Problem zum Guten wenden. Zwar war die Art und Weise, wie er das machte, ein bißchen seltsam, oder sagen wir, etwas ungewöhnlich ... Tatsache ist jedenfalls, daß auf einmal eine eiskalte Dusche auf den schlafenden Dörrpflaume niederging, dann eine Ladung Beeren auf seinen Kopf prasselte und schließlich ein niedrighängender Zweig ihm mit einer geschickten Bewegung einen Schubs in den verlängerten Rücken oder, besser gesagt, einen kräftigen Tritt in den Hintern gab!

Das war ein uralter Zauber, um Selbstvertrauen einzuflößen. Fragt mich nicht, warum so »forsch«: Ich weiß es nicht, genausowenig wie ich weiß, wie man Mückenball spielt. Dörrpflaume machte jedenfalls 800 Punkte – und das genügt mir. Euch nicht?

Mimolus
Gefleckte Gauklerblume

Mimolus ist ein wirkungsvolles Mittel bei allen Ängsten mit bekannter Ursache, wie etwa vor Katzen bis zum Fliegen oder Zahnarzt, und in allen Fällen mit sehr schüchternen, unsicheren Kindern, die leicht erröten oder sich verstecken, laute Geräusche und durchdringende Gerüche verabscheuen. Es hilft auch bei Stottern aus übermäßiger Schüchternheit, und ist bei all den häufig auftretenden psychosomatischen Erkrankungen bereitzuhalten wie: Bauchschmerzen vor einem Geschichtstest, Erkältung vor dem Schwimmunterricht, Asthma bei familiären Schwierigkeiten. Angst löst eine endlose Zahl von Krankheiten aus.

Mimolus-Kinder sind oft krank, und es dauert lange, bis sie gesund werden, denn die Krankheit ist eine Flucht, um nicht mit dem konfrontiert zu werden, wovor sie Angst haben. Sie sind sehr sensibel, schwitzen leicht, und Mama sorgt dafür, daß sie warm angezogen sind – und sie schwitzen und holen sich Husten und Schnupfen.

Sie trinken mit kleinen Schlucken, es fällt ihnen schwer, etwas Neues zu probieren, das sie nicht kennen, sie können nicht in Gesellschaft anderer bleiben, weil sie sich dem nicht gewachsen fühlen.

Ich habe dieses Mittel erfolgreich bei Allergien ausprobiert. Und zwar gehe ich von dem Grundsatz aus, daß das Allergen »Angst« macht, und diese Angst ist etwas Konkretes, Materielles, seien es nun Pollen oder Roßhaar. Hier kann *Mimolus* zusammen mit *Crab Apple* und *Gentian* oder

Willow ein ausgezeichnetes Mittel sein, um allergischen Anfällen zuvorzukommen. *Mimolus*-Kinder sind im allgemeinen schüchtern, aber dieses Blütenmittel sollte auch immer bei Kindern angewendet werden, die alles andere als verschämt, sondern durch irgendeine Situation oder irgendeinen Zusammenhang verschreckt sind.

Mimolus-Kinder brauchen Atemübungen, wie zum Beispiel Luftballons aufblasen oder Kerzen ausblasen, am besten sind jedoch Seifenblasen. Wenn sie unbewußt lernen, ihren Atem zu beherrschen, wird ihnen das mit Sicherheit zum Vorteil gereichen. Außerdem helfen Lieder, Reime und »Zaubertänze«, ihre Schrecknisse zu verjagen. Ich empfehle, in den Text immer wieder einmal »Mimolus, Mimolus, Mimolus« einzuflechten. Fragen Sie mich nicht, wieso, aber es funktioniert wie ein Zauberspruch.

Mimolus	Ich handle mit Mut und innerer Kraft. Ich betrachte jede Schwierigkeit als Chance. Ich gehe jede Herausforderung mit meinem Sinn für Humor an. Die Welt ist meine Auster. Ich kann alles tun.

Das ängstliche Häschen

»Komm Häschen, wir machen einen schönen Spaziergang.«

»Nein, Mama, ich gehe nicht aus, ich fürchte mich vor diesem Wind!«

»Komm heute aus dem Bau, ich gehe mit dir zur Quelle ...«

»Nein, das Wasser macht mir Angst, schließ die Tür bitte zu.«

»Heute scheint die Sonne so schön, laß uns ein paar saftige Kräuter auf der Wiese suchen.«

»Geh du allein, Mama, ich habe eine Mücke vorbeifliegen sehen.«

»Willst du an den Teich gehen?«

»Und wenn da die Spinne ist?«

»Ein Rennen durch den Wald?«

»Letztes Mal war da ein Insekt.«

»Immer hockst du im Bau! Seit einer Woche warst du nicht mehr draußen.«

»In der Höhle ist es sicher, die Welt da draußen macht mir Angst,«

»Tut mir leid, mein Häschen, aber Mama geht jetzt zum Teich. Ich habe keine Lust mehr, auf dich zu warten, ich lass' dir ein Stück Brot und etwas Salat da.«

»Mama, nein! Du läßt mich allein?«

»Wenn du dich nicht beeilst, gehe ich jetzt.«

»Ich fürchte mich vor dem See.«

»Gut, dann bleib im Bett.«

»Komm, bleib da, dir wird ein Unglück passieren! Du wirst auf eine Heuschrecke treffen, eine Kröte und einen Frosch: Mir zittern vor Angst schon die Knie!«

»Nur Mut, mein Kleiner, ich bin ja bei dir!«

»Mama, gib mir die Pfote, ich habe Angst vor der Ameise, paß auf, das Blatt, ich mag keine Mücken. Oh, ich fürchte mich so sehr! Was ist das für ein Lärm ...?«

»Nur ruhig, das war nur ein Donner.«

»O Schreck, ein Gewitter!«

»Das bißchen Regen tut nicht weh.«

»Aber meine Pfötchen werden naß ...«

»Die trocknen auch wieder.«

»Mama, mir geht's schlecht, im Teich habe ich ein Tier gesehen, groß wie ein Elefant, mit riesigen Ohren, vorstehenden Zähnen und langen Schnurrbarthaaren wie Schlangen.«

»So einen Dummkopf wie dich gibt es wohl nicht mehr! Das bist doch du, du hast dein Spiegelbild im Wasser gesehen!«

Mustard
Ackersenf

Auch Kinder stehen manchmal morgens mit einer »schwarzen Wolke« über dem Kopf auf. Es gibt Tage, da weinen sie und wissen nicht, warum, sie sind untröstlich und wollen keine Vernunft annehmen. Oder besser gesagt, es gibt keinen vernünftigen Grund, es ist nun einmal so. Es kann sein, daß dies in einer schwierigen oder aber starken Zeit, wie beispielsweise vor Weihnachten, geschieht. *Mustard* besiegt die Depressionen und gibt einem die Fröhlichkeit zurück.

Mustard-Kinder machen Schlimmes durch: Trennung von der Familie, schlechte soziale und/oder sanitäre Bedingungen, falsche Ernährung – oder im Gegenteil sehr reiche Kinder, die jedoch der Obhut von Kinderfrauen, religiösen Instituten, Sportstätten und Internaten anvertraut werden, denen die echte familiäre Wärme fehlt. Kurz gesagt, *Mustard* ist für traurige Kinder.

Häufig sehen wir Kinder, denen es an nichts zu fehlen scheint – was ihm jedoch tatsächlich fehlt, ist die Freude. Wissen Sie, wie gut Lachen tut? Nein? Dann versuchen Sie es: die dicken Knoten in der Brust lösen sich wie von selbst, das Blut strömt ungehindert durch die Adern, die Luft um Sie herum vibriert vor Farben und reinigt sich.

Freude ist ein Wort, das vor allem in der Welt der Schule fremd anmutet. Und doch ist es so einfach, Freude zu erleben, sie tut den Erwachsenen und den Kindern so gut, auf die sie überraschende Wirkungen haben kann.

Hier ist ein gutes Rezept für Freude: Nehmen Sie ein Lächeln, breiten es gut aus und geben dreimal Lachen und zweimal Blödsinn dazu, das Ganze auf einer Matratze oder im Gras rollen, danach gut drücken und ein wenig durchkneten; zum Schluß nehmen Sie viele verschiedene Lächeln, bilden Sie einen Kreis, nehmen Sie sie an der Hand und lassen sie Lieder singen, springen etc., bis zur Erschöpfung ... Aber versuchen Sie einmal die Freude zu erschöpfen, das ist unmöglich, sie ernährt sich selbst, explodiert, und dann gewöhnt man sich daran ... Ach ja, leider kann Freude süchtig machen, wenn man sie einmal probiert hat, kann man nur schwer wieder darauf verzichten!

Aber keine Angst, bisher hat sich, soviel ich weiß, noch niemand totgefreut.

Mustard	Ich bin eine Quelle des Lichts und der Kraft Ich habe Heiterkeit und Frieden des Geistes. Mein Herz singt. Ich erlange mein Strahlen und meine Freude wieder.

Brigitta und die schwarze Wolke

Keiner weiß, wie es geschah, aber eines Tages kam eine sonderbare dicke schwarze Wolke in Brigittas Zimmer. Und sie setzte sich auf den Kopf der armen Brigitta und verdunkelte all ihre Gedanken, ließ sie traurig werden und weinen. Vorsicht, jetzt schwebt sie zum Schrank und verwandelt all die schönen bunten Kleider in einen grauen Stoffhaufen ... Tu etwas, Brigitta, halte sie auf, man kann nicht leben zwischen Tränen und Grau. Wie traurig!

Schwarze Wolke auf der Stereoanlage – alle Platten begin-

nen, traurige Lieder zu spielen, und Brigitta weint und weint. Kann man denn nichts tun, um diese Woge aus Grau zu stoppen? Bald braucht man hier ein Boot, wenn man sich nicht beeilt, denn die Tränen überschwemmen das Zimmer – die Wände sind feucht und grau, selbst die Tomaten auf dem Tisch werden schon grau ... Nein, nein, Tomatensauce muß rot sein!

Schluß jetzt! Brigitta, nimm dich zusammen, versuch ein lustiges Lied zu singen oder ein dummes Lied, aber sing, spring, sonst wird die Wolke dich verschlucken.

»Lieber, lieber Sonnenstrahl, rasch, ich bitte dich, komm zu mir – gib mir die Freude und die Farben zurück, verjage dieses Grau ... tralala.«

Die Mühe wird belohnt, da kommen durch das Fenster Sonnenstrahl, Regenbogen und Freudesblitz. Mit einem Wisch fegen sie das Zimmer trocken von den Tränen, malen die Wände, Kleider und Tomaten bunt an, die Platten beginnen wieder eine fröhliche Melodie zu spielen, die Wolke löst sich auf: weg ist sie! Mit ihren lustigen Freunden stürzt Brigitta sich in einen fröhlichen Tanz: Laßt uns mit ihnen feiern, es gibt rosa und gelbe Bonbons, Cremewafeln und Getränke, natürlich bunte! Juhu!

Oak
Eiche

Oak-Kinder sind unermüdliche Arbeiter, die sich keine Minute der Ruhe gönnen, nicht beim Lernen, sondern beim Spielen, das ja auch eine Arbeit ist. Tatsache ist, daß sie sich nie ausruhen, völlig von ihren Interessen in Anspruch genommen werden, bis zur Erschöpfung, und dann zusammenbrechen. Diese Kinder laden sich zu viele Pflichten auf und besitzen nicht den Mut, auf etwas zu verzichten: Schule, Töpferkurs, Kommunionstunde, Tennis, Pfadfinder. Sie sind nicht in der Lage zu sagen: »Heute fühle ich mich nicht wohl, ich gehe nicht hin.« Nein, als brave Eichen, die sie sind, halten sie durch.

In der Schule steht im Klassenbuch kein einziger Fehltag neben ihrem Namen. Falls überhaupt, werden sie sonntags krank, wenn sie eigentlich baden gehen sollten. Oak kann eine Hilfe für die Schüler sein, die ständig über ihren Büchern sitzen, dann ins Bett gehen und kein Auge schließen können. Sie sind so müde, daß sie nicht schlafen können, auch wenn das widersinnig erscheint, aber im Leben haben wir das alle schon durchgemacht – einmal mindestens.

Diese kleinen *Workaholics* brauchen Entspannung und müssen lernen, daß das Leben nicht nur aus Pflichten, sondern auch aus Vergnügen besteht, und daß auch die anderen das Ihre tun sollten. Niemand ist unentbehrlich, auch wenn alle nützlich sind.

Im positiven Status sind sie »die Fleißigen«, und Sie brauchen nun nicht zu befürchten, daß *Oak* sie zu Drückebergern oder Müßiggängern werden läßt, auch wenn ich zugeben muß, daß Müßiggang etwas ist, das auch ich gerne lernen würde und mir fast nie gönne! Wie schön ist es, einfach nichts tun zu können, obwohl man weiß, daß man noch einen Berg von Dingen zu erledigen hat! Man hat viel mehr Geschmack daran, finden Sie nicht?

Oak	Ich gönne mir immer ein wenig Ruhe, wenn ich sie brauche. Ich ruhe tief. Ich bin offen und spontan. Ich verzichte darauf, so hart zu kämpfen.

Der unermüdliche Ritter

Es war einmal ein Ritter, der hieß Ermo. Er war stark und mutig und ruhte sich nie aus, denn Arbeiten war seine einzige Realität. Er kannte nichts anderes als Arbeit, Arbeit, harte Arbeit.

Da die anderen Ritter wußten, daß Ermo sich von keiner Arbeit abschrecken ließ, luden sie ihm auch ihre Pflichten und Bürden auf, und so ritt er durch die Dörfer mit einem bleischweren Rucksack auf dem Rücken, verschiedenen Briefen an seinem Sattel. Stunde um Stunde hatte er irgendwelche Aufgaben zu erledigen, und Zeit zum Schlafen hatte er nie. Manchmal machte er Rast in einem Gasthaus oder unter einem Baum, aber er war so müde, daß er paradoxerweise keinen Schlaf finden konnte, sondern immer nur daran dachte, wie er seine Pflichten erfüllen konnte.

Das Schöne ist, daß er sich nicht einmal darüber beklagte. Sah er einen Holzfäller? Dann stieg er vom Pferd und begann ihm zu helfen. Kam er endlich nach Hause? Dann reparierte er die Fenster, putzte sein Pferd, säuberte den Stall, hobelte Fensterbretter und Holzregale in seiner Schreinerwerkstatt.

Wen hätten sie mit der Aufgabe betrauen sollen, in den Krieg zu ziehen? Ermo. Wen rief der König, damit er ihm bei der Jagd zur Seite stand? Ermo. Wer trug die schwersten Pakete an die Hofkarosse? Dreimal dürft ihr raten.

Es kam jedoch der Tag, da weigerten sich seine Beine weiterzugehen, sein Rücken war kaputt, sein Herz wollte zerspringen, und seine Nerven schrien: Genug! Aber unerschütterlich strengte Ermo sich an, um den Eichenholzschemel für die Königin fertigzustellen. Als er schimmernd glänzend und vollkommen vor ihm stand, setzte Ermo sich darauf, um ihn auszuprobieren – und schlief ein. Er fiel in einen so tiefen Schlaf, daß nicht einmal Kanonenschüsse ihn geweckt hätten.

Er schlief einen Tag, zwei Tage, drei Tage, und als er erwachte, war er zutiefst besorgt: Was war mit seiner Arbeit? Wie hatte er nur so lange schlafen können? Er sah, daß nichts Ungewöhnliches passiert war, alles war in Ordnung, vor allem sein Rücken und seine Beine schmerzte nicht mehr. Da begriff er, daß auch Ausruhen eine Pflicht ist, eine Pflicht gegen sich selbst. Arbeit ja, aber ohne zu übertreiben!

Olive
Olive

Olive ist wertvoll während der Rekonvaleszenz, es hilft müden oder schwachen Kindern, die einen Energieschub benötigen, aber auch solchen, die in schwierigen Verhältnissen leben.

Olive-Kinder sind so erschöpft, daß ihnen die Augen zufallen und sich die Augäpfel nach oben drehen. Diese Kinder lächeln wenig, erscheinen sehr wohlerzogen, sind aber im Grunde traurig und erwarten nichts Schönes. Lassen Sie Reis weg, der meditativ ist, und geben Sie ihnen Pasta *al dente*. Achten Sie sehr auf Ernährung und Ruhe.

Wenn das Kind sich regenerieren muß, kann man natürlich nicht von ihm verlangen, daß es sich in Aktivitäten stürzt, die Energien erfordern, die es nicht besitzt. Es soll sich in der Sonne und in der frischen Luft aufhalten, und Sie und Ihre Freunde sollten versuchen, ihm beizustehen und ihm dadurch Kraft zu geben.

Ich empfehle *Olive* zusammen mit *Gentian* in all den schwierigen Augenblicken, in denen Probleme bewältigt werden müssen: *Gentian* nimmt die Mutlosigkeit, und *Olive* gibt die notwendige Kraft. Man kann beides dem »Prüfungsmittel« zusetzen oder geben, wenn Kinder familiäre Schwierigkeiten haben und sich allmählich erschöpfen, weil sie nicht in der Lage sind, die Harmonie wiederherzustellen, die sie gerne um sich haben würden.

Der Olivenzweig ist das Symbol des Friedens: Wecken wir

also in den Kindern das Gefühl für den Frieden in der Welt. In der heutigen Zeit, in der Rassismus und Krieg eine dramatische Alltagsrealität sind, könnte das positive Denken von Millionen von Kindern die Erde retten!

Ich fordere also alle Kinder auf, am 1. Januar eine Kerze anzuzünden, als Symbol für den Frieden in der Welt – und auch an anderen Tagen, warum nicht?

Ich bitte euch auch, darüber nachzudenken, was es bedeutet, jemandem, der leidet, in irgendeiner Form zu helfen, sei es nun mit Geld, Zeit, Solidarität, freiwilliger Arbeit, Patenschaften oder vorübergehender Betreuung. Wenn wir helfen, das Leid der anderen zu lindern, entdramatisieren wir das unsere. Auch ein einfacher, aufrichtiger positiver Gedanke für die Welt könnte helfen, sie zu heilen.

Olive	Ich nutze meine Energie so gut wie möglich. Ich erkenne meine Bedürfnisse. Ich stelle meinen Willen und meine Kraft wieder her. Ich erkenne meine Prioritäten, indem ich den anderen gebe.

Volltanken, bitte!

K 720 war ein Roboter. Er lebte im Lande Telemachia und hatte viel zu tun.

Da er ein Roboter war, dachte er, er müsse allen Anforderungen gerecht werden, ohne jemals auch nur einen Augenblick innezuhalten. Er reinigte die Turbinenhalle, organisierte das Datenzentrum und unterrichtete an der Ausbildungsstätte »Energetic 45«.

Nicht alle Roboter waren so engagiert wie K 720. Sie schalteten gelegentlich ab, um sich warten zu lassen: Sie ließen sich neue Stromkreise einbauen, die Ersatzbatterien wieder aufladen und über die Blinklichter putzen; kurz und gut, sie achteten auf sich, um in Form zu bleiben. K 720 dagegen konnte nie die Zeit dazu finden, so daß er eines Tages stehenblieb. Er war völlig ausgepowert, völlig erschöpft, aber er merkte es nicht einmal; also ging er in die Wartungsabteilung und verlangte: »Volltanken bitte, einmal volle Energie, damit ich wieder anfangen kann.« Aber das genügte nicht, weil er von der Anstrengung und dem Verschleiß geradezu aufgezehrt war.

Herr Bellisario, der Ingenieur, sagte klar und deutlich zu ihm: »Mein lieber Freund, ein bißchen Kraftstoff und neue Batterien reichen nicht mehr für dich. Du mußt abschalten, und ich muß dich von Grund auf renovieren. Aber hab keine Angst, ich werde mich beeilen, und du bist wieder wie neu.«

In ein paar Stunden war der Roboter zerlegt: Er war wirklich arg zugerichtet, hatte seine Kapazität mißbraucht, ohne je daran zu denken, sich eine Pause zu gönnen. Zum Glück hatte Ingenieur Bellisario alle notwendigen Ersatzteile, und so funktionierte K 720 bald wieder. Als er eingeschaltet war, fühlte er sich wie neu, aber er verstand nicht, was der Aufkleber sollte, der auf seiner linken Antenne klebte. Er wußte nicht, wozu der gut sein sollte, und fragte nach dem Grund.

Ingenieur Bellisario begann zu lachen und antwortete: »Laß den Aufkleber dran, den habe ich extra dahingeklebt. Darauf steht: Auftanken nicht vergessen!«

Pine
Kiefer

Schuldgefühle! Wenn wir in der Lage wären, sie nicht zu vermitteln, und es uns gelingen würde, Kinder zu erziehen, die sich der Tatsache bewußt sind, daß »einen Fehler zu machen« nicht gleichbedeutend ist mit »fehlen«, hätten wir mindestens die Hälfte der Probleme der Menschheit gelöst! Es nützt nichts, sich die Schuld zu geben und sich Vorwürfe zu machen, das erzeugt nur Schmerz und Minderwertigkeitsgefühle. Wir sollten Fehler lieber als ein Mittel betrachten, aus dem wir etwas lernen können, und nicht mit »göttlicher« Bestrafung drohen, denn der liebe Gott hat anderes zu tun, als Kinder zu strafen, die irgendeinen Streich verübt haben.

Pine ist unentbehrlich für Kinder, die sich selbst beschuldigen, um andere zu verteidigen, die sich nicht durchsetzen, auch wenn sie recht haben, die fürchten, jemandem oder einer Sache geschadet zu haben, womöglich weil wir ihnen gesagt haben: »Schau, was du da gemacht hast! Bei deinem Sturz hast du die Treppen ruiniert! Hör auf zu weinen, sonst mußt du sie bezahlen!« Möglicherweise dachten wir, auf diese Weise das Ganze zu entdramatisieren – statt dessen haben wir etwas Schlimmes angerichtet.

Entschuldigen Sie, wenn ich mich bei diesem Punkt so lange aufhalte, aber nachdem ich seit vielen Jahren auf das positive Denken und auf positive Sätze als Therapie vertraue, muß ich einfach immer wieder betonen, welch unauslöschliche Giftpfeile Erwachsene mit ihren Worten abschießen können. In meiner langjährigen Arbeit mit Kindern habe ich nur zu viele davon gehört. Zum Beispiel: »Spiel nicht an deinem Pipimann herum, das tut man nicht, sonst kommt das Jesuskind und schneidet ihn dir ab!« oder »Wenn du das tust, wird deine Mama krank!« oder »Das ist alles nur deine Schuld! Es ist immer deine Schuld, das wissen alle!« Und das Kind denkt: »Lieber Gott, was habe ich getan, ich bin gefährlich!« Und dann kommt die schicksalhafte Frage: »Warum bin ich geboren?«

Andere, häufig gebrauchte Sätze sind: »Wenn du nicht ißt, wirst du immer dünner und dünner, und eines Tages bist du verschwunden.« »Du weißt doch, wie viele Kinder auf der Welt hungern müssen, und du hast so viele Nudeln, Fleisch, Kartoffeln ...«

Nun, hier kommt es auf unsere Haltung zur Sünde bzw. zur Schuld an. Sie ist sehr wichtig, weil unendlich viele physische und psychische Äußerungen daraus resultieren können: Schmerzen, Kopfweh, Schlafstörungen, Minderwertigkeitskomplexe, Masochismus, Selbstverachtung ... Ich glaube, niemand ist so unversehrt, daß er keine Langzeitbehandlung mit *Pine* benötigt.

Es mag Ihnen unpassend erscheinen, im Zusammenhang mit Kindern von Schuldgefühlen zu reden, aber wir wissen alle, daß wir diese schon als Säuglinge mit der Muttermilch in uns aufnehmen. Im übrigen kommen wir schon seit Jahrtausenden mit der Schuld der Erbsünde auf die Welt, die sich in unsere Energien einprägt. Die Moral hat uns immer dazu gebracht, die Sünde und das Böse auf falsche Weise zu empfinden. Ich sage nicht, daß alles erlaubt ist, sondern daß es eine andere Weise gibt, das Böse und das Gute zu verstehen. Lesen Sie hierzu einmal in Edward Bachs Buch *Heile dich selbst mit den Bach-Blüten* nach. Am besten lesen Sie das ganze Buch, es ist wunderschön!

Man müßte leben und verstehen, daß Fehler Lehrmeister

des Lebens sind. Wenn wir das allzu oft nicht begreifen, verwenden wir *Chestnut Bud*, schöpfen aus unseren Erfahrungen und überarbeiten sie. Aber es ist vor allem für ein Kind sehr negativ, sich schuldig fühlen zu müssen.

Wie oft habe ich eine Grundschullehrerin einem Kind mit erhobenem Zeigefinger drohen hören: »Das werde ich deiner Mutter erzählen, was du da gemacht hast!« »Was? Das hätte ich nicht von dir gedacht, du bist wirklich ungezogen, versprich, daß du das nie wieder tust!« Was kann dieses Kind denn so Schlimmes getan haben? Haben wir uns gefragt, warum es das getan hat? Und wie wir uns in solchen Situationen verhalten?

In Wirklichkeit beschränken wir uns darauf, das Kind sich winzig klein fühlen zu lassen und sehr schuldbewußt, ohne zu bedenken, daß unsere Worte sich ihm unauslöschlich einprägen. Dann kommen immer größere und komplexere Probleme, das Kind wird sich immer ungeeignet fühlen und alles, was immer ihm zustößt, als Bestrafung erleben. *Pine* ist das entsprechende Blütenmittel, aber wir Eltern müssen es als erste nehmen, denn solange wir unseren negativen Status nicht überwunden haben, können wir nichts tun. *Pine* muß über lange Zeit genommen werden, weil wir dieses Verhaltensmuster mit Sicherheit seit langer Zeit haben.

Pine	Ich verzichte auf Gewissensbisse und Selbstvorwürfe. Ich übernehme die Verantwortung für alles, was ich mache. Ich verzeihe mir, daß ich mir Selbstvorwürfe gemacht habe. Ich habe immer mein Bestes getan. Ich bin bereits vollkommen gut. Ich akzeptiere mich und finde mich gut.

Sollte ich das gewesen sein?

Paolino war daran gewöhnt, daß alle mit ihm schimpften. Auch wenn er nichts getan hatte, war er auf Vorwürfe gefaßt; sowohl zu Hause als auch in der Schule, immer schien es ihm, als trage er die Schuld, auch die der anderen, und so hatte er sich, wie man zu sagen pflegt, ein dickes Fell zugelegt.

Eines Sonntags war ein Ausflug zum See geplant, aber Paolino bekam leider eine Erkältung – und so fühlte er sich wahrhaftig wie ein Wurm, als er die langen Gesichter seiner Eltern und seiner kleinen Schwester sah: krank werden, wenn eine Bootsfahrt auf sie wartete!

Auch an Weihnachten war es ihm sehr schlecht ergangen: beim Geschenkeauspacken hatte er drei Figuren der Krippe umgestoßen. Zwei waren kaputtgegangen, und er hatte sich sehr unbehaglich gefühlt. Wenn ihm so etwas passierte (was schließlich jedem passieren kann), fühlte er sich als Sündenbock, und er sagte häufig: »Entschuldigung, Verzeihung.« Wenn er einen Freund anrief, fragte er: »Störe ich?«, auch wenn es dazu keinen Anlaß gab; er betrat das Klassenzimmer und sagte: »Entschuldigen Sie, wenn ich zu spät bin«, aber er kam nie zu spät. Paolino bemühte sich, eher mehr zu tun, als er mußte, er glaubte, nie genug zu leisten, und verlangte nichts für sich.

Eines Tages hörte er in den Nachrichten, daß es ein Erdbeben gegeben hatte. Lieber Himmel, ausgerechnet am Dienstag hatte er ein Bild von einem Erdbeben gemalt. Sollte das nun seine Schuld gewesen sein? Aber nein, Paolino, du kannst beruhigt sein, was ist das für ein häßliches Wort: »Schuld«? Streich es aus deinem Wortschatz, niemand ist an irgend etwas schuld, die Dinge geschehen, weil sie geschehen müssen. Das Leben ist wie ein Gänsespiel, manchmal gewinnt man, manchmal muß man eine oder drei Runden aussetzen, aber man weiß nie, wie viele Punkte man machen wird, wenn man würfelt. Das Gute und das Schlechte sind Brüder, wie Weiß und Schwarz.

Es gibt Lehren, keine Schuld. Wenn du eine Vase umgeworfen hast, hast du die Gesetze der Schwerkraft gelernt und wirst die Vase das nächste Mal mit größerer Vorsicht behandeln. Wir sagen nun nicht, daß du beginnen sollst, die ganze Wohnung zusammenzuschlagen, aber entspann dich, entschuldige dich nicht und wisse, daß alles, was geschieht, einen Sinn hat. Wir verstehen ihn möglicherweise nicht, aber die Engel da oben im Himmel wissen ihn sicher. Atme und lebe!

Red Chestnut
Rote Kastanie

Dieses Blütenmittel hilft, die Nabelschnur zu durchschneiden, die manchmal mit 40 Jahren noch nicht durchtrennt ist, daher kann man es zusammen mit *Walnut* beim Entwöhnen anwenden.

Wenn Kinder ängstlich sind, ständig fragen, wann die Mama nach Hause kommt, sich bei der kleinsten Verspätung Sorgen machen, daß etwas passiert sein könnte, sich Unfälle mit Verletzten ausmalen, auch wenn sie wissen, daß ihre Mutter immer spät heimkommt, weil sie weit weg arbeitet oder sich zuerst noch kämmen muß, und sie im Geiste alle möglichen Katastrophen durchspielen, dann bedeutet das, daß sie zuviel darüber reden hören. Es sind Kinder, die das Leben anderer leben, als sei es das ihre, sie machen sich weniger Sorgen um sich selbst als um die anderen, im Umgang mit Kleineren sind sie überbeschützend, und sie fragen sich oft, ob es nicht ein Mittel gibt, das ihre geliebten Menschen unverwundbar machen könnte.

Falls hier sogar der Ödipuskomplex eine Rolle spielt, sollten sowohl Mutter als auch Kind *Red Chestnut* nehmen und in Frieden ihr eigenes Leben führen. Es ist ungemein wichtig, einem solchen Kind zu lehren, sich kreativ auszudrücken. Durch das Spiel kann es positive Energien an jene senden, die es beschützen will, und so den Mechanismus negativer Gedankenformen entschärfen, der tatsächlich unerwünschte Situationen anzieht. (Am Ende des Buches finden Sie eine schöne, wirkungsvolle Übung.)

Laufe ich Gefahr, mir selbst zu widersprechen, wenn ich sage, daß wir uns jedoch nicht den »Retter der Welt«-Komplex aufbürden dürfen? So wie ich die Meinung vertrete, daß positives Denken Besserung bringen kann, so behaupte ich dennoch, daß wir uns keine zu schweren Bürden aufladen dürfen, weil wir uns dann nicht in der Lage fühlen, diese zu realisieren.

Red Chestnut	Ich strahle Ruhe und Frieden aus. Ich schütze mich vor den Problemen der anderen. Ich bewahre meinen psychischen Raum. Ich erwarte immer einen positiven Ausgang. Ich übertrage ruhige Gedanken der Liebe auf die Menschen, die dessen bedürfen.

Pandolfa und die anderen

Frau Pandolfa war immer in Sorge. Sie sorgte sich nicht um ihre eigen Person, sondern um die anderen, und wollte, daß alle in Sicherheit waren. Wenn ihr Mann spät nach Hause kam, dachte sie: »Oh, da muß etwas passiert sein!« Wenn ein Kind über die Straße lief, sah sie es schon unter einem Bus liegen; immer war sie darauf bedacht, daß ihre Enkelkinder warm genug angezogen waren, damit sie sich nicht erkälteten ... und so weiter und so fort.

Immer am Abend begann das gleiche Drama, das irgendwann lächerlich wurde: »Luigi, komm nicht so spät aus der Disco nach Hause. Sei um zwölf zurück, nicht erst um drei, sonst muß ich denken, du hättest einen schlimmen Unfall gehabt, und kann nicht schlafen.«

»Mama, es wird erst ab Mitternacht getanzt! Es ist schon zehn, du kannst beruhigt schlafen, ich bin um drei da!«

»Nein, nicht um drei, das ist die schlimmste Zeit für Unfälle.«

»Aber Mama, gibt es gute oder schlechte Zeiten für Unfälle? Du weißt doch, daß ich gut fahre und nüchtern bleibe – ich trinke nur Cola.«

Unerschütterlich blieb Pandolfa bis drei Uhr wach, stellte sich die Ärzte im Krankenhaus bei der Notaufnahme ihres Sohnes vor, und da sie eine Menge Zeit wachzuliegen hatte, flocht sie noch einen Gedanken an den geschwollenen Fuß ihres Mannes mit ein: »Das ist bestimmt eine sonderbare Krankheit, womöglich müssen sie ihm den Fuß amputieren. Ach, wenn ich nur etwas tun könnte!« Und das einzige, was sie tun konnte, war, sich Sorgen zu machen, große Sorgen. Wenn man mit Sich-Sorgen-Machen Geld verdienen könnte, wäre Pandolfa schon Millionärin gewesen.

Pandolfas Tochter wohnte in Kanada, und so zitterte Pandolfa allein schon beim Gedanken an die Kälte, an die Bären, die ihr kleines Mädchen (35 Jahre und zwei Kinder) bestimmt angreifen würden, und an den Flug, das unheilbringende Flugzeug, das ihre Tochter samt Familie an Weihnachten herüberfliegen würde. Sie würde sie so gern wiedersehen, aber – wenn das Flugzeug abstürzte? Wer weiß? Oh, was für Sorgen!

Eines Tages, als Pandolfa beim Friseur saß und ganz besorgt war, weil sie ihrem kleinen Luigi (29, seit drei Jahren mit dem Studium fertig) nicht rechtzeitig das Essen auf den Tisch stellen konnte, fiel ihr in einer Zeitschrift ein Artikel ins Auge, der sie sehr neugierig machte. Er berichtete von einer Frau, etwa in ihrem Alter, die sich auch immer Sorgen machte, was diesem oder jenem passieren könnte ... Diese Frau hatte entdeckt, daß alles viel besser ging, wenn sie, statt an schlimme Dinge zu denken, Gedanken des Lichts und der Energie aussandte! Einen Augenblick lang war Pandolfa per-

plex, dann beschloß sie, es auszuprobieren – und es funktionierte: abends sandte sie einen Lichtstrahl in die Lieblingsdisco ihres Sohnes, und einen weiteren an den Fuß ihres Mannes, und siehe da, sie konnte ruhig schlafen! Wie wundervoll, es war Oktober: sie hatte zwei Monate Zeit, um Strahlen nach Kanada zu schicken, und das Flugzeug würde ohne Probleme landen – und ohne Bären.

Rock Rose
Gemeines Sonnenröschen

Rock Rose-Kinder werden von Entsetzen, ja geradezu von Panik erfaßt, wenn etwas geschieht, das sie erschreckt, und Sie sollten wissen, daß für diese Kinder schon »Rotkäppchen wird vom Wolf gefressen« Entsetzen bedeuten kann!

Geben Sie Kindern, die unter Alpträumen und nächtlichen Ängsten leiden, *Rock Rose* (zusammen mit *Aspen* und *Mimolus*), und in Notfällen (hier hilft auch *Rescue*) sollten Sie es ebenfalls nehmen, damit Sie keine Panik auf die Ihnen Nahestehenden übertragen.

Flößen Sie den Kindern keine Angst ein, indem Sie ihnen mit dem schwarzen Mann, dem bösen Wolf oder der Polizei drohen. Kinder wissen nicht von Geburt an, was Angst ist, wir sind es, die sie ihnen übertragen, häufig indem wir Dinge sagen, die wir unterschätzen.

Ein ausgezeichnetes Mittel, Ängste zu vertreiben, besteht darin, die Kinder das malen zu lassen, was ihnen Angst macht. Ihre Ängste an der Wand hängen sehen und mit anderen vergleichen zu können ermöglicht es ihnen, sie wirkungsvoll zu überwinden.

Auch Theaterspielen hilft, von Ängsten zu befreien und diese zu besiegen. Schon mit ein paar symbolischen bunten Tüchern können Märchen oder erfundene Geschichten vorgeführt werden, in denen das Gute über das Böse triumphiert: Die armen Hexe wird immer verbrannt, der Räuber ins Gefängnis geworfen, dem Wolf der Bauch aufgeschlitzt etc. Das ist sehr befreiend, und wir sollten den Kindern erlauben, laut zu schreien, wenn sie das Ungeheuer fangen müssen. Könnten Sie ein Ungeheuer mit drei Köpfen besiegen und dann leise jubeln?

Panik kann auch durch eine bevorstehende Schularbeit verursacht werden, deswegen empfehle ich, *Rock Rose* schon am Tag zuvor zu nehmen: der Kloß im Hals und das Herzklopfen werden dann vergehen.

Man kann *Rock Rose* auch dem »Prüfungsmittel« zusetzen, denn Prüfungsangst ist ja gar nicht so selten ... Beginnen Sie mindestens zwei Wochen vor den Prüfungen mit der Verabreichung des Blütenmittels, bis der schicksalhafte Tag kommt, an dem man das Mittel in kürzeren Abständen nehmen kann, zur Not auch alle fünf Minuten.

Rock Rose	Mein Geist ist lebendig. Ich bin für alles bereit. Ich habe unerschütterlichen Mut in einer Krise. Ich stehe in Kontakt mit meiner inneren Macht.

Schrecken auf dem Berg

Der Holzfäller Gilberto war gewiß kein ängstlicher Typ, er konnte Baumstämme mit einem Schlag seiner scharfen Axt durchhauen – das war schon harte Arbeit! Mit Säge und Hobel wußte er ebenfalls gut umzugehen, und von einem kleinen Schnitt oder ein bißchen Blut konnte ihm nicht bange werden; ja, wenn es einen Notfall gab, war Gilberto der erste, der half. Aber dieses Mal ...

Dieses Mal war er mit seinem Freund Carletto oben auf einem Berg. Sie sollten dicke Ahornbäume fällen und brauchten Kraft, Genauigkeit und Mut, weil ihnen der Baum bei dem kleinsten Fehler auf den Kopf fallen würde, anstatt auf den Boden.

Ein starker Wind kam auf und ließ die Zweige gefährlich schwanken, gerade als der erste Stamm durchgesägt war und umfallen sollte. Ein Windstoß konnte fatale Folgen haben, aber Carletto war sich der Gefahr nicht bewußt, in der sie schwebten, doch Gilberto bemerkte sie und war erschrocken. Jede Minute war kostbar, denn der Wind blies immer stärker, und Gilberto wollte nicht schreien, um seinen Freund und Kollegen nicht zu erschrecken. Es war keine Zeit zu verlieren, da fiel ihm ein, wie er sich als Kind vor Monstern gefürchtet hatte. Jetzt war der Stamm mit seinen Ästen das Ungeheuer, das er besiegen mußte, und er erinnerte sich, wie er als Kind die Angst besiegt hatte, indem er aus vollem Halse sang.

»Ich werde versuchen zu singen«, sagte er. »Ich habe ja keine andere Wahl, wenn's nicht hilft, werde ich eben singend sterben!«

Nur ein Ton, ein einziger, kam aus seiner Kehle, aber der war so laut, daß er den Wind zurückjagte: die von Gilberto freigesetzte Kraft hatte ihnen das Leben gerettet.

Rock Water
Quellwasser

Rock Water ist kein typisches Kinder-Blütenmittel, obwohl man mitunter Kinder findet, bei denen Starrheit und Neigung zum Perfektionismus anzutreffen sind, weshalb man ihnen *Rock Water* geben sollte. Wenn zum Beispiel das Kind Mayonnaise verlangt, dann bitte genau auf den von ihm angegebenen Punkt; wenn Sie das falsch machen, ißt es sie nicht, weil Sie seine konkrete Forderung verletzt haben. Es will nicht seine Macht ausprobieren, sondern verlangt nur von den anderen die gleiche Perfektion wie von sich selbst. Es versagt sich den Genuß und braucht doch so viel Freude, weil seine Bilder nicht sehr bunt sind und nur das Wesentliche zeigen.

Rock Water ist als einziges der Bach-Mittel keine Blüte, sondern Quellwasser. Schon der Name vermittelt den Eindruck von Steinen und Kühle. Man muß sich vor Augen halten, daß derart starre mentale Schemen später zu einem schwierigen Leben führen, zur Verweigerung jeglicher Veränderung, und das ist gefährlich: Wir müssen immer bereit sein, alles aufs Spiel zu setzen, flexibel zu sein. Diese Haltung ist häufig in Familien anzutreffen, in denen strenge Regeln – seien sie nun religiös bedingt oder auf die Ernährung bezogen – gelten, in denen ein falscher Begriff von Religiosität oder Moral, ja manchmal auch Bigotterie herrscht, die in Selbstkasteiung münden.

Zuallererst sollten die Eltern das Mittel nehmen, so könnten alle den wunderschönen Prozeß, sich dem Leben, der Freude zu öffnen, zusammen erleben.

Um den Dickkopf des *Rock Water*-Kindes zu besiegen, sollte man es Übungen machen lassen, bei denen es auf Geschmeidigkeit ankommt: Schlittschuhlaufen, Aerobic oder freies Tanzen. Es darf keine Regeln geben, damit seine Kreativität angeregt wird.

Rock Water	Ich fließe mit meinem natürlichen Rhythmus. Ich bin immer entspannt. Ich bin anpassungsfähig und flexibel. Ich pflege mich gut. Ich schätze die Freuden des Lebens.

So ist es und nicht anders!

Herr Costante war mit niemandem einverstanden, außer mit sich selbst. Er irrte sich nie, nein; es waren die anderen, die nicht begriffen, daß sie unrecht hatten, nicht verstanden, daß er die Vollkommenheit in Person war, das Musterbeispiel, dem man folgen mußte, um richtig zu leben.

Herr Costante hielt sich an eine strenge Diät, die die härtesten makrobiotischen Regeln mit den Speisen tibetanischer Mönche in sich vereinte, er trank nie einen Tropfen Alkohol, nicht einmal an Feiertagen, er hielt sich fit, indem er morgens um fünf joggen ging, er war immer perfekt gekleidet, ohne das kleinste Knitterfältchen; kurz und gut, in jeder seiner Gewohnheiten war er ernst, gesittet, ordentlich.

Es kam jedoch der Tag, an dem er nach einem erbitterten Streit mit der Familie, an dessen Grund er sich nicht einmal mehr erinnern konnte (wahrscheinlich wollte niemand seine Lebensregeln befolgen) so in Zorn geriet, daß er wütend aus dem Haus lief und sich in den Garten setzte. Dabei ging ihm immer wieder all das durch den Kopf, was ihm zu diesem Thema einfiel und er somit guthieß. Damit wollte er sich vor Augen führen, daß er im Recht war, daß er recht hatte.

Als die anderen ihn holen wollten, waren sie überrascht, denn anstelle von Costante fanden sie einen Felsblock vor: er hatte sich in einen grauen, kalten Stein verwandelt. Er selbst war sich zwar bewußt, was geschehen war, grämte sich aber nicht darüber: er konnte auch so bleiben, versteinert!

Aber die Zeit verging, und das Gefühl des Friedens und der Beständigkeit, das er nun in sich trug, langweilte ihn allmählich. Costante begann, einen kleinen, aber bohrenden Zweifel zu spüren: Vielleicht waren seien Überzeugungen nicht für alle richtig, und aus diesem Grunde teilten nicht alle seine Ansichten. Vielleicht hätte er sich mit jemandem auseinandersetzen sollen, aber es war zu spät: nun war er ein unnützer großer Stein.

Der Frühling kam, und Herr Costante überzog sich mit einem schönen, grün schimmernden Moos. Um ihn herum sprossen bunte Blumen, und er war zufrieden. Seine Familie kam zu einem Picknick, und während sie fröhlich aßen, hörten sie eine leise Stimme: das war Costante, der bat, mit ihnen reden zu dürfen. Alle waren glücklich und wunderten sich, daß Costante sie um ihre Meinung über Kochrezepte, Mode, Gesellschaft und Freizeitvergnügen fragte, anstatt große Töne zu spucken.

Der Felsblock wurde immer formbarer, und als er wieder menschliche Gestalt angenommen hatte, war Costante ein anderer Mensch.

Es gab ein großes Fest, und alle stießen mit Champagner an – natürlich trank auch er ein Glas und aß zwei Stücke Kuchen, nicht sehr makrobiotisch, aber lecker und sehr gut.

Scleranthus
Einjähriger Knäuel

Scleranthus ist ein ausgezeichnetes Mittel gegen Übelkeit, Erbrechen, Reise- oder Seekrankheit, unter der Kinder häufig leiden, hilft bei Ohrenschmerzen und ist für Kinder mit einem schwankenden Gang oder für diejenigen geeignet, die im einen Augenblick noch lachen, im nächsten dann schon weinen.

Es hilft bei allen Wechseln: Durchfall und Verstopfung, Freßgier und Appetitlosigkeit, Weinen und Fröhlichkeit; bei Bewegungs- und Gleichgewichtsstörungen, zum Beispiel bei Kindern, die leicht stürzen.

Geben Sie *Scleranthus* all den ewig unentschlossenen Kindern, die nie wissen, wofür sie sich entscheiden sollen: »Vanille- oder Zitroneneis? Vielleicht Vanille. Nein, lieber Zitrone, oder doch besser Vanille?«

Es ist wichtig, daß diese Kinder an Aktivitäten teilnehmen, bei denen die Psychomotorik im Vordergrund steht, damit die Bewegungen koordiniert und die physischen Elemente mit den mentalen integriert werden.

Wahrscheinlich werden sie Schwierigkeiten mit der seitlichen Wahrnehmung haben. Daher sind Spiele, Parcours, Karten und alle Aktivitäten gut geeignet, die deren Verbesserung fördern.

Für Kinder, die unter Reisekrankheit leiden, empfehle ich die Kombination von *Scleranthus, Gentian* und *Rescue.*

Eine wichtige Einzelheit, an der man erkennen kann, ob

Scleranthus das geeignete Mittel ist, ist mangelnde Zuverlässigkeit. Damit meine ich, daß ein Kind, das unentschlossen und voll Zweifel ist, nie auf sich »zentriert« sein kann. Es befindet sich in einem starken Ungleichgewicht, und das gestattet ihm nicht, sich auf ein eindeutiges Ergebnis festzulegen: Es ist wie ein Fähnchen im Wind. Auch das Wetter wird das Kind stark beeinflussen und wetterfühlig machen. Es muß sich fest auf sich selbst gründen.

Scleranthus	Ich weiß, was für mich richtig ist. Ich denke klar und entscheide mich leicht. Ich vertraue auf meine Entscheidungen und handle danach. Ich bin klar und konsequent

Die Geschichte vom Unentschlossenen

Dies ist die Geschichte von einem, der nie wußte, was er wollte. Schon morgens schwankte er: »Welche Hose soll ich anziehen? Lieber die dunkle oder die helle? Passen die roten Socken besser dazu, oder die blauen? Was esse ich zum Frühstück, Brötchen oder Hörnchen?«

So verging die Zeit, er konnte sich nicht entscheiden – und brachte schließlich gar nichts zuwege.

Wenn er in Urlaub fahren sollte, wußte er nicht, wohin: ans Meer oder in die Berge? Sollte er Wanderschuhe einpacken oder lieber das Schlauchboot?

Auch Essen war ein großes Problem: vielleicht ein Eis? Vielleicht einen Pudding? Pistazie oder Schokolade? Pizza funghi oder Pizza margherita? Spaghetti mit Tomatensauce oder lieber Schinkennudeln?

Er wurde immer verwirrter, alles ging in seinem Kopf durcheinander: er wollte beim Metzger Blumen kaufen und seine Hose zum Friseur bringen. Das ewige Zweifeln hatte ihn ganz konfus gemacht. Was konnte er nur tun?

Da hatten seine Freunde eine Idee: sie schenkten ihm eine Waage. Das war die Lösung! Durch Messen und Wiegen fand er heraus, daß man nur ein Gleichgewicht herstellen, das Richtige tun kann, wenn man sich für etwas entscheidet.

Star of Bethlehem
Goldiger Milchstern

Wenn man dem Neugeborenen nicht schon gleich nach der Geburt, dem ersten Trauma, das jedes menschliche Wesen erlebt, *Star of Bethlehem* geben kann, dann sollte es zumindest die stillende Mutter einnehmen; eventuell kann sie ja zwei Tropfen davon auf die Brustwarzen träufeln. Zur Linderung des Schocks, den die große Veränderung im Leben des Säuglings, nämlich sein Übergang von der Gebärmutter in die Außenwelt, verursacht hat, kann statt dessen auch *Rescue* genommen werden, da *Star of Bethlehem* ebenso darin enthalten ist wie *Walnut.*

Star of Bethlehem eignet sich für alle Arten von emotionalen oder physischen Schocks, vom Sturz bis zum Streit mit dem Freund, vom Knall der heftig zuschlagenden Tür bis zur Scheidung der Eltern, weil jede Erschütterung Folgen für unsere Körperenergie haben kann, obwohl uns dies womöglich nicht bewußt ist. Kurzum, es ist ein Mittel für alle Fälle, in denen ein Trauma behandelt werden soll, auch wenn dies schon seit langer Zeit besteht.

Kraftlose, verschreckte oder ein wenig energielose Kinder werden mit diesem Blütenmittel behandelt, und ich möchte daran erinnern, daß es notwendig ist, sich auf deren Wellenlänge zu begeben. Wenn ein Fisch im Aquarium stirbt oder sie auf der Straße eine totgefahrene Taube sehen, können sie sich dies so zu Herzen nehmen, daß sie außer sich geraten.

Star of Bethlehem kann in mehr Fällen gebraucht werden, als man denkt. Es wirkt Blockierungen entgegen, und Erzieherinnen können es mit Erfolg dort einsetzen, wo Kinder, in denen man gute Anlagen erkennt, nicht reagieren können. Oft sagt man ja: »Das Kind ist wie blockiert ...« Hier haben Sie nun das Mittel, das diese Blockierung lösen kann. Natürlich dürfen Sie einem Kind *Star of Bethlehem* – wie übrigens alle Bach-Blüten, ich erwähnte es schon – nicht ohne Zustimmung der Eltern verabreichen, aber es muß ja nicht auf oralem Wege geschehen. Geben Sie ein paar Tropfen auf die Hände des Kindes oder auf Ihre Hände, sprühen Sie etwas auf seine Kleider. Sie werden sehen, wie sich bei dem Kind nach und nach sogar der Gesichtsausdruck und der Klang der Stimme ändern werden, sie werden lebhafter, energievoller.

Wer sich in der Homöopathie auskennt und sie anwendet, sollte sich vor Augen halten, daß dieses Mittel eine Art Arnika in der Blütentherapie ist.

Star of Bethlehem	Ich erhole mich von einem vergangenen Trauma. Ich bin ruhig und unbesorgt. Ich habe inneren Frieden. Meine Energie fließt.

Aldebarans Knoten

Aldebaran war ein herrliches Pferd, mit schimmerndem Fell und einer dichten Mähne, und niemand wußte, warum er sich seit Monaten nicht wohl fühlte. Er litt an einer unbekannten Krankheit. Auch der Tierarzt konnte nicht feststellen, woran es lag.

Aldebaran fraß zwar, wenn auch ohne Appetit, aber er wieherte nicht mehr, wollte nicht wie früher umhergalop-

pieren, und nichts vermochte ihm zu helfen: weder Vitamine noch besonderer Hafer, noch der teuerste Sirup: er schien wie blockiert.

Eines Tages kam eine dieser alten Frauen, wie sie im Märchen vorkommen und die immer so ein bißchen seltsam und doch weise aussehen, an seinem Stall vorbei. Gewöhnlich tragen sie ein Schultertuch und einen Korb mit Zauberkräutern, diese dagegen war aus unserer Zeit, sie trug ein gelbgrünes Kostüm, ein Kunstlederköfferchen und einen komischen Hut, wie eine Hosteß ... Jedenfalls sah sie irgendwie ein bißchen – blöd aus, aber man soll dem Augenschein nicht trauen.

Priscilla - so hieß sie - schaute das Pferd an und sagte: »Potzblitz! Potztausend! Dieses schöne Tier braucht mich, es hat einen Knoten im Hals und ein ganzes Knäuel davon im Bauch. Schau, schau, auch seine Beine kann es kaum bewegen, vor lauter Fäden und Schnüren, der Arme!«

Cecco, Aldebarans Besitzer, glaubte, die Alte sei verrückt: Was für Knoten und Schnüre? Sein Pferd war krank, aber er hätte nie im Traum daran gedacht, ihm Bänder oder Fesseln anzulegen.

Priscilla fragte unbeirrt weiter: »Hören Sie, wenn das Ihr Pferd ist, können Sie mir vielleicht sagen, ob es vor einiger Zeit einen schlimmen Schreck bekommen hat? Wenn es so ist, werde ich es auf der Stelle heilen.«

Cecco war überzeugt, daß die Alte total verrückt sein müsse ... Aber wenn er es sich recht überlegte – vor drei Monaten war Aldebaran von dem Lieferwagen des Metzgers angefahren worden.

Es war zwar nichts passiert, zum Glück, aber seit damals konnte er nicht mehr wiehern ...

»Ja«, sagte Cecco, »tatsächlich ...«

»Das reicht«, antwortete Priscilla. »Da haben wir es schon, der Schreck hat ihn verschnürt, gefesselt, gezügelt ... Eine Portion meiner Kräuter wird ihn augenblicklich heilen.«

Und so war es. Aldebaran erholte sich im Handumdrehen, wieherte und begann zu galoppieren ... Verblüfft fragte Cecco: »Was haben Sie ihm denn gegeben?«

»Ackerlauch«, antwortete Priscilla.

»Ich glaube zwar, Sie sind verrückt, aber meinem Pferd geht es wieder gut.«

Nein, Cecco, sie war nicht verrückt, sie war eine Hexe, und Ackerlauch ist eine Blume – mit Zauberkräften ...

Sweet Chestnut
Edelkastanie

Gebe der Himmel, daß wir nie in die Lage geraten, zu diesem Blütenmittel greifen zu müssen, aber leider müssen wir es manchmal anwenden, vor allem im Schulalter, nach Mißerfolgen, wenn beispielsweise das Kind nicht versetzt wurde oder es Schweres durchmachen muß, zutiefst verzweifelt scheint, meint, es ginge nicht mehr weiter. Und schließlich geben wir es bei ernsthaften Krankheiten oder Behinderungen, die das Kind nur schwer annehmen kann und wir Gott fragen, ob er uns vergessen hat.

Man darf nicht glauben, daß Kinder diese Gefühle nicht kennen. Sie können sie nur nicht nach außen bringen, und das ist noch schlimmer.

Sweet Chestnut schenkt uns wieder Licht und Lebensfreude. Versuchen Sie, heimlich Freude in den Alltag dieser unglücklichen Kinder zu bringen, damit sie so schnell wie möglich den negativen Status überwinden können, der sie sich allzu früh aller Hoffnung beraubt fühlen läßt.

Natürlich, um sich von Gott verlassen zu fühlen, muß man an ihn glauben, auch wenn er unterschiedliche Namen hat: Allah, Buddha, Jahwe, Kosmos, Schicksal. Hauptsache ist, daß wir an ein liebevolles einziges Wesen glauben, von dem wir eine Dimension und ein Teil sind. Wenn wir begriffen haben, daß Gott in jedem von uns ist, wird die Verzweiflung nie mehr in uns wohnen.

Wir müssen zwar Mühsal und Schmerz ertragen, aber sobald wir wissen, daß wir von Gott sind, wissen wir auch, wie wir das Leben angehen sollen. Wenn Sie dies den Kindern vermitteln können – brauchen Sie das *Sweet Chestnut*-Fläschchen nicht anzubrechen.

Sweet Chestnut	Ich glaube an das Leben. Ich bitte um alle Hilfe, die ich brauche. Ich trete aus dem Dunkel und gehe ins Licht. Ich öffne mich den Veränderungen und dem Größerwerden.

Gedanken einer Raupe

»Ich Arme, wie dunkel, wie dunkel ist es hier drin – und wie eng! Ich Arme, ich war es, ich habe mich selbst hier eingeschlossen, und nun habe ich keine Hoffnung mehr! ... Warum, warum habe ich das nur getan? Die Sonne, nie mehr werde ich die Sonne sehen. Man hat mir gesagt, ich würde mich verändern, aber das ist nicht wahr, es gibt nur Dunkelheit und Verzweiflung hier drinnen, und mir tut alles weh, alles, auch die Haut ... Kann niemand mir helfen, glaubt niemand daran, daß ich hier jemals wieder herauskomme? Es ist zu Ende, es ist wirklich zu Ende. Von wegen Flügel und bunte Farben, das sagten sie nur, um mich zu trösten, aber jetzt spüre ich: das ist der Tod. Ja, es geht mir schlecht, als würde ich platzen. Hilfe, jetzt bricht auch diese sichere Hülle entzwei. Auch wenn sie eng und dunkel ist, jetzt bricht sie auseinander und ich muß sterben, ich weiß, daß ich sterben muß! Warum? Hilfe! Aber wo bin ich? Licht, da ist Licht, ich bin im Freien, die Farben, die Sonne, die Flügel! Dann ist es wahr, ich lebe, das ist das Leben, das Licht, ich habe Flügel: ich bin wirklich ein Schmetterling! Ich fliege, ich fliege, ich lebe und fliege!«

Vervain
Eisenkraut

Das *Vervain*-Kind ist enthusiastisch, übertreibt bei allem, was es tut, will all seine Freunde in das Spiel oder den Sport mit einbeziehen, drängt alle, die es mag, ständig, ihm zu folgen. Es ist von einer bestimmten Sache überzeugt und will, daß alle anderen es auch sind. Wenn ihm nicht entsprochen wird, ist es beleidigt. Es ist hyperaktiv, beschäftigt sich mit tausend Dingen, wird ihrer aber schnell müde, weil es seine Energie nicht in die entsprechenden Kanäle leiten kann.

Möglicherweise ißt dieses Kind auch zuviel und zu gierig, weil es ein Mensch ist, der alles mit frenetischem Eifer tun muß. Es kann große Enttäuschungen erleben, da es im Grunde gutmütig ist. Es will die anderen mit einbeziehen und mitreißen, weil es meint, ihnen etwas Wichtiges mitteilen zu können, nicht um unbedingt der Anführer zu sein. Es spricht sehr laut und tritt beim Gehen fest auf wie ein Soldat. Sein hoher Rhythmus kann zu Streß und Schlafstörungen führen.

Ein solches Kind hat das Bedürfnis, miteinbezogen zu werden, also betrauen wir es mit kleinen verantwortungsvollen Aufgaben. Wir werden es nicht bereuen, weil es zuverlässig und unermüdlich ist. Ob es nun eine Pfadfindergruppe leitet, Volleyball-Turniere organisiert oder irgend etwas anderes, das Kind tut es gern.

Man sollte den *Vervain*-Kindern jedoch auch beibringen, ihre Energien für ihren persönlichen Bedarf zu schonen, indem sie den anderen und sich selbst Raum lassen und persönliche Aktivitäten und Hobbys pflegen, einfach nur so zum Spaß, ohne daß es der Zustimmung und Bestätigung der anderen bedarf.

Obwohl ich selbst stark *Vervain* bin, möchte ich ein paar Worte der Sympathie an meine »Kampfgenossen« richten: Ich weiß, daß es hart ist, Kinder. Wir lassen uns auf alles ein, aber wir müssen die anderen sich selbst arrangieren lassen, sonst gehen wir ihnen auf die Nerven. Schreiten wir allein voran und schwenken dabei unsere Fahne, und wenn sie wollen, können sie uns ja folgen. Bleibt ihr selbst, ohne euch um die anderen zu kümmern; nur wenn ihr euch selbst treu bleibt, könnt ihr wirklich frei sein und mit eurer Wesensart jener Gerechtigkeit Respekt verschaffen, für die wir zu allem bereit sind.

Vervain	Ich lebe mein Leben ohne Anstrengung. Ich bin entspannt, offen und ausgeglichen. Ich bin gemäßigt in meinem Denken und Tun. Ich dulde die Meinungen anderer. Ich bin frei und spontan. Ich erreiche viel mit Ruhe und Freundlichkeit.

Folgt mir – meine Helden!

In einem Land, dessen Name mir nicht mehr einfällt, lebte einmal ein Prinz. Er war groß, schön und stark, wie alle Prinzen, aber im Gegensatz zu den gewöhnlichen Märchenprinzen, die nichts anderes tun als junge Mädchen zu küssen, sprühte Prinz Rodolfo nur so vor Ideen und wollte, daß möglichst viele Leute bei seinen Unternehmungen mitmachten.

Er wollte eine Pizzeria auf dem Mars eröffnen und die Wüste in einen Wald verwandeln. Wo es Krieg gab, tauchte er auf, um Gerechtigkeit und Frieden wiederherzustellen, aber er wollte auch, daß die anderen ihm folgten.

»Auf geht's, meine Helden!« rief er. Und wenn das nicht funktionierte: »Los, ihr Spitzbuben!« Und wenn das auch nichts half: »Ihr blöden Rindviecher, wollt ihr mir nun folgen oder nicht?«

Nein, Rodolfo, sie wollen dir nicht folgen. Sei nicht so ungestüm mit deinen Untertanen, und wisse, daß nicht alle automatisch das wollen, was du willst. Wenn es dir in den Sinn kommt, zu Fuß nach China zu laufen – dann tu es, aber du kannst nicht verlangen, daß alle anderen dir folgen. Es gibt Prinzen, die schlafende Prinzessinnen küssen, und andere, die auf Kreuzzüge gehen, und wieder andere, die ruhig zu Hause in ihrem Garten bleiben – und das ist richtig so. Du kannst es ruhig zugeben, du mußt immer übertreiben, beruhige dich und mach dir keinen Streß. Du wirst nie Unmögliches vollbringen, indem du deine Freunde zwingst mitzumachen. Wir wissen, daß du an das glaubst, was du tust, daß du für ein Ideal kämpfst, aber du wirst sehen, wenn du weniger fanatisch bist, werden die Leute das Schöne in dem erkennen, was denkst und tun willst. Wie dem auch sei, du kannst nicht verlangen, daß alle so sind wie du. Entspann dich, Rodolfo!

Vine
Weinrebe

Kleiner Diktator! Daß es so viele davon gibt, daran sind ein wenig auch wir schuld, weil wir es gestatten: es ist einfacher, der Sklave eines *Vine*-Kindes zu sein, als ein ausgewogenes Verhältnis zu ihm herzustellen. Im Spiel ist dieses Kind der König oder die Prinzessin, der Vater oder die Mutter, der Anführer, der Lehrer, kurz und gut, der Boß. Es erteilt allen Befehle und verlangt absoluten Gehorsam, es wird nicht diskutiert, man tut es oder es gibt Kummer.

Der kleine Tyrann hat nur wenige Freunde (häufig *Centaury*-Kinder), weil die anderen Kinder es mit der Zeit müde sind, beherrscht zu werden. Er kann jähzornig sein und von seinen Fäusten Gebrauch machen, um das zu erreichen, was er will, und auch in physischer Hinsicht ist er ein *steifes* Kind.

Was tun? Erstens dürfen wir ihm nicht all diese Macht zugestehen; der Respekt vor den anderen wird hier und heute durch das Beispiel gelehrt. Zweitens sollten wir uns fragen, warum es ein so negatives Verhalten an den Tag legt. Rollenspiele können helfen, das Kind daran zu gewöhnen, sich in andere hineinzuversetzen, auch in die bescheidensten Menschen. Schließlich muß es lernen, selbst auf seine primären Bedürfnisse zu achten.

Vine sind jene verwöhnten Kinder, denen von klein auf alles hinterhergetragen wurde, die immer einen Löffel oder ein Glas Saft aus der Küche geholt bekamen. Wenn wir sie daran gewöhnt haben, daß ihnen immer ein Diener zur Verfügung steht, werden sie das natürlich als ihr gutes Recht einfordern.

Da diese Kinder Führungseigenschaften besitzen, sollte man sie mit Aufgaben betrauen, aber sie müssen mit anderen zusammenarbeiten und dürfen nicht die alleinige Entscheidungsgewalt haben.

Ich empfehle Ihnen eine Abstimmungsübung, wie sie in Findhorn durchgeführt wird, bevor irgendeine Aktivität unternommen oder Entscheidung getroffen wird: Legen Sie die Hände aufeinander, die Daumen nach rechts, so daß die Handfläche der rechten Hand nach oben und die der linken Hand nach unten zeigt. Reichen Sie sich nun die Hände, schließen die Augen und sagen den Kindern, sie sollen versuchen, das Bündel aus Licht und Energie zu spüren, das durch sie hindurchgeht. Lauschen Sie in sich hinein, und rufen Sie im Kreis den Engel oder die Energie an, die für diesen Moment notwendig ist. Wenn Sie die Hände loslassen, werden Sie sehen, daß alle viel bereitwilliger sein werden, zusammenzuarbeiten und vor allem die anderen zu akzeptieren und zu respektieren.

Vine	Ich glaube an die Kraft meines Beispiels. Ich respektiere die Rechte der anderen. Ich glaube an mich, wie ich an die anderen glaube. Ich ermutige die anderen, groß und stark zu werden. Ich bin einfühlsam und mitfühlend.

Adolfo, der Vetter des Prinzen aus dem letzten Märchen

Es stimmt zwar, daß Rodolfo ein Fanatiker war, ein Übertreiber, aber er tat es, um Gutes zu bezwecken. Sein Vetter Adolfo dagegen war viel schlimmer, er benutzte die Macht, um zu kommandieren und zu sonst nichts. Niemand hatte ein Recht, zu reden oder zu denken, er allein entschied für alle, überzeugt, daß alle gehorchen mußten. Natürlich war er sehr verhaßt, denn er war grausam und auch gewalttätig. Wenn jemand seinen Befehlen nicht gehorchte, ließ er ihm den Kopf abschlagen.

Adolfo war erbarmungslos. Es machte ihm Spaß, Krieg zu führen, solange er die Soldaten in den Tod schickte, während er kommandierte und nicht einmal Schmerz oder Mitleid verspürte wegen all dem Blut, das vergossen wurde.

Während eines ziemlich heftigen Kampfes wurde er aus dem Sattel geworfen, und da er weit vom Lager entfernt war, setzte er sich unter einen Baum und wartete, daß seine Soldaten kommen und ihn holen würden, aber er wartete und wartete, niemand kam ...

»Was glaubst du denn, wer dich holen kommen soll? Deine Soldaten stoßen auf deinen Tod an, sie glauben, endlich von diesem niederträchtigen, bösen Wesen, das du bist, befreit zu sein.« Wer sprach da? Wer erlaubte sich, so mit ihm zu reden, mit dem Prinzen Adolfo, dem Schrecken des Landes? »Du kannst mich nicht sehen ... Ich bin eine Stimme – das mag dir genügen. Wisse, daß du allein sein wirst, ja, daß du für immer hierbleiben wirst. Ich sagte ja schon – wer will dich? Niemand ist so dumm, dich zu suchen, es sei denn ...«

»Es sei denn, was? Sag es mir, ich habe nicht die Absicht, hier an Hunger und Kälte zu sterben, sag es mir: Das ist ein Befehl.« Stille. »Antworte! Ich sagte: Das ist ein Befehl.« Schweigen, dann ein Lachen ...

»Du hast überhaupt nichts verstanden, stimmt's? Mein lie-

ber Diktator, mir kannst du keine Befehle geben ... Bleib, wo du bist, und überleg dir, was du machst. Hunger und Kälte werden dir gut tun, du wirst verstehen, wieviel Leid du den anderen verursacht hast. Leb wohl.«

»Nein, warte. Wer bist du? Was kann ich tun?« Adolfo mochte ein Despot sein, aber er war nicht dumm, und er verstand, daß er nie die Rechte der anderen respektiert, daß er immer seine Macht mißbraucht hatte und sich, anstatt sich darauf vorzubereiten, ein guter König zu sein, nur darauf vorbereitet hatte, gehaßt zu werden.

»Du hast verstanden, das spüre ich. Gut, ich gehe jetzt und rufe deine Soldaten. Doch paß auf, du kannst mich nicht sehen – aber ich sehe dich.«

Wer war diese Stimme? Es ist nicht wichtig, das zu wissen, aber wir freuen uns, daß Adolfo begriffen hat ... Und das ist gut so.

Walnut
Walnuß

Dieses Blütenmittel ist immer angezeigt, wenn es um Veränderungen geht: Zahndurchbruch, Kindergarten oder Einschulung (mit *Honeysuckle* gegen das Heimweh), Umzug, Ferienreise etc. sowie in all den Fällen, in denen das Kind übersensibel erscheint: es macht ihm etwas aus, wenn andere sich streiten, es nimmt äußere oder familiäre Einflüsse auf und kann sogar davon krank werden.

Das *Walnut*-Kind riskiert keine Veränderungen, weil es nicht entschlossen genug ist. Es weiß zwar, was es gerne tun würde, läßt sich aber von anderen überzeugen, es nicht zu tun.

Walnut ist auch für Kinder geeignet, die viel Zeit im Kontakt mit der Öffentlichkeit verbringen müssen, zum Beispiel in Gaststätten oder Geschäften.

Zusammen mit *Red Chestnut* hilft *Walnut,* wenn das Kind von der Mutterbrust entwöhnt werden soll.

Wenn Sie spüren, daß Sie das Kind vor etwas schützen müssen, das Sie sich nicht erklären können, geben Sie *Walnut.* Es besitzt unter anderem auch beschützende Eigenschaften, in dem Sinne, daß es eine Art Schirm bildet, der die Aura stärkt und den Durchfluß »unerwünschter« Energien verhindert. Wenn Ihnen gesagt wird: »Dieses Kind ist wirklich vom Unglück verfolgt!«, versuchen Sie es mit *Walnut*-Energie in Kontakt zu bringen, und vielleicht wird sich ja etwas ändern ...

Nützlich können kreative Ausdrucksübungen sein, um die Aura zu Schutzzwecken als auch bei deren Veränderungen zu stärken. Im letzteren Fall können die Übungen dabei helfen, das Kind daran zu gewöhnen, sich in einer sicheren und problemlosen neuen Situation zu sehen.

Es kann schön sein, sich in einer Nußschale (*Walnut*) zu malen, die uns beschützt. Wenn ich *Walnut* nahm, sah ich mich immer in einer Riesennuß in Form einer Wiege, in der ich mich geborgen und sicher fühlte.

Walnut	Ich befreie mich selbst von allen negativen Einflüssen. Ich folge meinem inneren Führer. Ich bin bereit für eine Veränderung. Ich ebne dem, was in mir steckt, einen Weg, Ich blühe auf.

Riccardo und die Zauberschere

Von klein an war Riccardo fest entschlossen, in seinem Leben etwas Großes und Schönes zu vollbringen. Abenteuer faszinierten ihn, und er wollte weggehen und zu den entferntesten Orten reisen, um etwas zu entdecken, was zweifellos nur darauf wartete, von ihm ans Tageslicht gebracht zu werden.

Seine Mutter jedoch brachte ihn davon ab, indem sie sagte: »Geh nicht weg, mir würde das Herz brechen, wenn ich dich so weit fort wüßte.« Und sein Vater meinte: »Such dir lieber eine gute Arbeit, mit deinen Abenteuern wirst du noch ein schlimmes Ende nehmen!« Also verschob Riccardo seine Abreise und beschränkte sich darauf, im benachbarten Wald spazierenzugehen und von dem Tag zu träumen, an dem er sein großes Unterfangen würde verwirklichen können.

Aber das Glück war ihm nicht hold. Als er eines Tages durch den Wald streifte, wurde er von einem Hexenmeister gefangengenommen, der ihn zu seinem Sklaven machte. Um zu verhindern, daß er fortlief, umgab er ihn mit unsichtbaren Fesseln, so daß er zwar arbeiten, aber die Schwelle seines Gartens nicht überschreiten konnte.

Riccardo war niedergeschlagen. Ausgerechnet er, der die ganze Welt hatte sehen wollen, war gezwungen, Sklave zu sein und niedrige Arbeiten zu verrichten, während seine Eltern dachten, er sei geflohen und befände sich nun vielleicht auf dem Mount Everest oder in Brasilien!

Aber Riccardo ließ sich nicht unterkriegen. Er hörte immer auf seine Intuition, die ihm sagte, daß er eines Tages eine wichtige Mission erfüllen würde – und mit dieser Hoffnung im Herzen machte er weiter. Gewiß waren die Fesseln ungemein lästig, aber er konnte ziehen und zerren, solange er wollte, er wurde sie nicht los: es lag ein Zauber über ihm, und nur ein Gegenzauber konnte ihn befreien.

In einer Vollmondnacht hörte Riccardo Musik im Garten. Der Zauberer schlief tief und fest, und so ging Riccardo hinaus und sah tausend leuchtende Feenwesen, die im Mondlicht tanzten: »Bitte, helft mir, ich bin ein Gefangener, tut etwas für mich, ich muß so schnell wie möglich von hier fliehen .«

Die Anführerin der Gruppe kam zu ihm und sagte: »Wir können dir helfen, aber bist du auch bereit, uns zu helfen? Schau, seit Jahren versuchen wir, die Höhle zu erreichen, in der der lila Stein aufbewahrt wird, ein Stein, der die Macht hat, allen Weisheit und Güte zu verleihen, aber der Weg ist zu weit und wir sind so klein. Außerdem ist der Aufstieg sehr beschwerlich, überall lauern gefährliche Abgründe und Schluchten, aber du, meinst du, du könntest dorthin gehen?«

»Lieber Gott, gesegneter Himmel, mein ganzes Leben lang warte ich schon auf so eine Gelegenheit. Befreit mich, und

ich werde euch den lila Stein bringen, koste es, was es wolle«, rief Riccardo.

»Pst ... weck den Zauberer nicht auf! Hier hast du eine silberne Schere. Es ist eine Zauberschere, in zwei oder drei Stunden kannst du die Fäden durchschneiden. Auch wenn du sie nicht siehst, schneide einfach hier ein bißchen und da ein bißchen.«

Schneller als gedacht hatte Riccardo sich befreit und lief glücklich davon ... Endlich war der Augenblick gekommen, auf den er sein ganzes Leben lang gewartet hatte. So war aus einer Gefangenschaft die Gelegenheit geboren, seinen Traum zu verwirklichen: »Lila Stein, warte auf mich, ich komme!«

Water Violet
Sumpfwasserfeder

Der *Water Violet*-Typ ist stolz, vertraut anderen nicht und kann hochmütig erscheinen. Manchmal ist er schüchtern und mag nicht von zu Hause weggehen. Starr in seinem Urteil, mißbilligt er andere Kinder, will nichts mit ihnen zu tun haben, weil er sich ihnen überlegen fühlt. Deswegen werden sich auch alle an ihn wenden und ihn anrufen, wenn es um die Hausaufgaben geht. Er gibt freundlich Auskunft, legt den Hörer auf, schüttelt mitleidig den Kopf und kehrt zu seiner Beschäftigung zurück. Er bittet niemals jemanden um Hilfe, er erniedrigt sich nicht.

Das größte Problem sind die Beziehungen zu den anderen, denn wenn er auch als Berater gefragt ist, so wird er doch nicht als idealer Spielkamerad geschätzt. Häufig macht er den Eindruck, viel reifer als seine Altersgenossen zu sein, und er ist es auch tatsächlich.

Water Violet-Kinder können Probleme mit den Atemwegen haben, was im Zusammenhang mit ihrer »Nichtbereitschaft, die Luft mit anderen zu teilen« zu sehen ist, aber wir wissen, daß dieses Symptom aus ihrer geistigen Unausgewogenheit entsteht, oder sie bekommen Gliederprobleme aufgrund ihrer Steifheit.

Zuerst einmal müssen wir versuchen, diese Kinder davon zu überzeugen, mehr Kind zu sein. Das ist kein Wortspiel, überlassen wir das Hoheitsvolle lieber den alten Lateinlehrerinnen. Sollten wir sie etwa nicht davon überzeugen können, daß Streiche etwas Tolles sind? Was diesen Kindern nämlich hilft, ist Humor; sie müssen lernen, Blödsinn zu machen, das ist ein gesunder Zeitvertreib und ein einzigartiges Kräftigungsmittel für ihr Alter.

Water Violet	Ich bin gern mit anderen zusammen. Ich öffne mich dem Geben und Empfangen. Ich kann herzliche, enge und liebevolle Beziehungen haben. Ich teile meine Gedanken, Visionen und Träume. Ich bringe meine Liebe zu den anderen zum Ausdruck.

Beatrice und ihr Schloß

Beatrice war eine wunderschöne Königin, aber auch eine Zauberin. Sie lebte in einem Kristallschloß, auf das sie sehr stolz war und das sie fast nie verließ. Ihre Untertanen dagegen begaben sich häufig auf das Schloß, weil sie einen guten Rat oder einen schmerzstillenden Heiltrank suchten. Lächelnd händigte die Königin Rezepte aus oder gab Ratschläge, aber immer in einer distanzierten, überlegenen Haltung. Das war nicht böse gemeint, sie war sehr höflich, aber nie gab es eine Umarmung oder ein Lachen. Sie lebte in ihrer eigenen Welt, zu der die anderen keinen Zutritt hatten, und glaubte, das sei so in Ordnung. Wenn jemand zu ihr kam, verweigerte sie sich nicht, aber niemals, niemals, hört ihr, hätte sie sich »erniedrigt«, jemanden um Hilfe zu bitten oder auch nur um ein bißchen Gesellschaft, um die Zeit herumzubringen.

Beatrice war sehr allein, aber niemand erschien ihr geeignet, ihre Zeit und ihre Zauberweisheit mit ihr teilen zu kön-

nen – bis sie eines Tages am Seeufer einen Korb mit einem in Lumpen gewickelten weinenden Bündel darin fand: es war ein wunderschönes kleines Mädchen, und Beatrice beschloß, es an Kindes Statt anzunehmen. Sie trug es in ihr Schloß, nannte es Carolina und erzog es sorgsam, mit Liebe und Können. Aber Carolina wuchs traurig auf, weil sie nie ein Lachen hörte und niemanden hatte, mit dem sie herumtollen konnte.

Beatrice fragte ihre Bücher um Rat, ob es ein Kraut oder einen Tee gäbe, der ihrem Töchterchen helfen könnte, doch sie mußte entdecken, daß nur die Gesellschaft anderer Kinder die kleine Carolina glücklich machen konnte. Da begann sie Gäste zu empfangen, kleine Feste und Puppentheateraufführungen zu veranstalten, und das Lächeln kehrte auf beider Lippen zurück! Von jenem Tage an war das Schloß ein Treffpunkt für alle, Freude und Heiterkeit wohnten darin. Beatrice entdeckte, daß sie, wie alle anderen Mütter auch, genauso begierig war, zuzuhören wie Ratschläge zu erteilen. Sie tauschten Kochrezepte und Strickmuster aus, halfen einander beim Einkaufen und Veranstalten von Geburtstagsfeiern.

Sogar Beatrices Kleidung wurde bequemer, weniger streng, und als eines Tages ein alte Tante zu Besuch kam, erkannte diese sie kaum wieder: in Blue jeans und rosa Turnschuhen schubste Beatrice ihre kleine Carolina auf der Schaukel an und sang lauthals dabei. Das abweisende Schloß war ein Vergnügungspark geworden, und die alte Tante rief verblüfft aus: »Das ist ja ein Wunder!«

Ja, das war es, denn es gibt viele Wunder, auch wenn wir sie manchmal nicht sehen können.

White Chestnut
Weiße Kastanie

Das *White Chestnut*-Kind hat fixe Ideen. Sowohl beim Einschlafen als auch beim Aufwachen ist es von einem Gedanken besessen, von dem es sich nicht befreien kann. Sein Kopf arbeitet immer, es kann sich nie entspannen.

Wie der *Chestnut Bud*-Typ, der aber nichts dabei lernt, wiederholt das *White Chestnut*-Kind alles, obwohl es nicht imstande ist, sich zu bewegen und von dem zu befreien, was es zwingt, »sich im Kreis zu drehen«. Dann kann es den Anschein erwecken, als bringe es nichts zuwege, es ist häufig müde und klagt über starke Kopfschmerzen.

Sehr wirkungsvoll sind Entspannungsübungen, befreiende kreative Aktivitäten, vor allem mit den Händen, wie beispielsweise Kneten, so daß der Kontakt mit dem Material von den starren Gedankenmustern ablenkt.

Außerdem muß der Grund seiner fixen Idee gesucht werden, und zwar so, daß deren Mechanismus entschärft wird. Möglicherweise ist auch *Star of Bethlehem* vonnöten, weil sein Status vielleicht auf ein in der Vergangenheit erlebtes, verdrängtes, aber nicht gelöstes Trauma zurückzuführen ist.

Vorsicht, könnten wir die Ursache seines Unbehagens sein? Unterziehen wir uns der üblichen Gewissensprüfung und versuchen herauszufinden, ob wir nicht mit unseren Überzeugungen oder auch nur mit einem unüberlegten Satz diese mißliche Situation geschaffen haben.

Zum Kneten empfehle ich Ihnen Teig, dessen Rezept Sie

nachstehend finden. Bereiten Sie ihn gemeinsam zu und Sie werden sehen, wie diese einfachen natürlichen Zutaten sich wie durch Zauberei in eine herrlich weiche, bunte Masse verwandeln.

Rezept:
4 Gläser weißes Mehl
4 Gläser Wasser
2 Gläser feines Salz
4 TL Mandelöl
2 TL Weinstein, den man für Süßspeisen benutzt
Lebensmittelfarben

Damit es nicht klumpt, alle Zutaten gut in einem Topf verrühren, ca. 5 Minuten langsam erhitzen. Sie werden sehen, daß die Paste stockt und sich von der Topfwand löst. Zur Aufbewahrung genügt ein dicht schließender Behälter. Wenn Sie dagegen die Kunstwerke trocknen lassen wollen, brauchen Sie sie nur an der Luft stehenzulassen. Das ist alles.

Manchmal setzen wir unserer Fantasie Grenzen, weil wir alles fertig kaufen – aber stellen Sie sich nur die Befriedigung vor, ganz zu schweigen von der Kostenersparnis, wenn wir etwas selbst herstellen.

Einfache Zutaten, die wir alle im Haus haben, können zu Arbeitsmaterial werden ... Apropos, da Sie schon Lebensmittelfarben gekauft haben – und ich hoffe, nicht nur eine (meine Freunde wollen Knetmasse in allen Farben): Besorgen Sie sich kleine Gläschen, zum Beispiel von Frühstücksmarmelade, und mit ein bißchen Wasser und ein paar Tropfen Farbe bekommen Sie einfach fantastische, seidenglänzende Aquarelle. Auch diese kann man endlos lange aufheben, und sie kosten praktisch nichts.

White Chestnut	Ich bin ruhig und heiter. Ich führe mich zu Ruhe und Frieden. Aus meinem ruhigen Verstand tauchen die Antworten auf. Ich bin in Frieden mit mir selbst. Ich entwickle meine Intuition.

Coffeino und Camillo

Coffeino arbeitete in der Abteilung A und Camillo in der Abteilung B. Ihre Arbeit war ähnlich anspruchs- und verantwortungsvoll.

Coffeino sprang überall herum: Handy, Sekretärin, drei Kaffee, eine Zigarette, im Laufschritt zum Flughafen. Was für ein Streß! In seinem Kopf wirbelte es nur so von Gedanken und Ideen, die untereinander wetteiferten – ein Zauberer hätte Blitze und Pfeile um Coffeinos Kopf herumschwirren sehen können. Um Camillos Kopf dagegen hätte er nur einen schönen Regenbogen erblickt.

Auch er arbeitete, aber manchmal sah man ihn mit geschlossenen Augen dasitzen, und wenn man ihn fragte: »Was tust du denn da?«, so antwortete er: »Ich meditiere, ich schalte meinen Verstand ab, ich lade mich mit Energie auf.«

Coffeino fand seinen Kollegen seltsam und sagte: »Er spinnt.« Aber es fiel ihm auch auf, daß Camillo immer heiter war, lächelte und nicht zuletzt deswegen seine Arbeit zu Ende brachte.

Ja, wenn man es recht besah, hatte Camillos Büro einen viel höheren Umsatz als das von Coffeino koordinierte, und das war mehr als seltsam ... »Hören Sie einmal, Herr Kollege, wie können Sie sagen, daß Sie abschalten, wenn Sie sich so dahinsetzen? Ich kann nicht einmal nachts abschalten. Machen Sie sich nicht auch Sorgen oder Gedanken wegen der Arbeit?«

»Natürlich habe ich Gedanken, auch ich habe ein Gehirn, meinen Sie nicht? Aber ich steuere meine Gedanken, ich lasse mich nicht von ihnen umrennen«, antwortete Camillo seelenruhig.

»Entschuldigen Sie, aber das verstehe ich nicht ...«

»Ich nenne Ihnen ein Beispiel. Stellen Sie sich vor, Sie sitzen am Steuer Ihres Autos: steuern Sie oder überlassen Sie das ihm? Nun, ich steuere meinen Geist und meine Gedanken, ich bin Herr über sie, lasse mich nicht vom Weg abbringen.«

Coffeino war verwirrt, aber das Beispiel war treffend, er hatte einen Riesenschlitten – genau das Richtige für eine bedeutende Persönlichkeit. »Hören Sie, Camillo, Sie müssen entschuldigen, wenn ich Ihnen auf die Nerven gehe ...«

»Nein, Sie gehen mir nicht auf die Nerven. Niemand geht mir auf die Nerven, mir geht es gut ...«

»Nun ja, also, meinen Sie vielleicht, nein, ich weiß nicht, wissen Sie, es ist so ... ich sagte, das heißt ...«

»Ich verstehe. Sie möchten wissen, ob Sie das auch können, nicht wahr?

»Ja, so ist es.« Vielleicht war er doch nicht so verrückt, dieser Camillo, vielmehr im Gegenteil. »Sie haben es erfaßt.«

»Ja, das ist das Gute an diesen Techniken. Die Antwort lautet: Ja, sogar ein Kind kann es. Es ist ganz einfach, man muß sich nur ändern wollen und den Entschluß fassen, ein entspanntes Leben einem Leben voller Streß vorzuziehen. Wenn Sie wollen, erkläre ich Ihnen, wie es geht.«

»Okay, vielen Dank. Trinken wir inzwischen einen Kaffee? Oder vielleicht besser einen Kamillentee?«

»Tun wir niemandem Unrecht, ich erkläre es Ihnen bei einer Tasse – schwarzem Tee.«

Wunderbar! Herzlichen Glückwunsch, Coffeino! Schon bald wird auch um seinen Kopf ein Regenbogen schweben!

Wild Oat
Waldtrespe

Wild Oat-Kinder sind nie zufrieden, weil sie nicht wissen, was sie gerne tun würden, bringen nur wenig zuwege und sind meistens passiv. Sie können viel essen oder zu wenig, im ersteren Fall als Befriedigung, im zweiten, weil es sie nicht interessiert.

Diese Kinder können Probleme mit der Schilddrüse haben, dem für Kreativität zuständigen Organ, daher sollten Sie allen möglichen kreativen Beschäftigungen weit Tür und Tor öffnen; überlassen Sie jedoch dem Kind die Wahl, beschränken Sie sich darauf, zu betonen, wie gut es seine Sache macht.

Wild Oat kann auch für größere Kinder angezeigt sein, wenn der Augenblick der Entscheidung gekommen ist, aber welches Kind weiß mit 14 schon genau, was es will? Ich habe das erst ungefähr mit 37 begriffen. Wie dem auch sei, die Schule geht weiter, und *Wild Oat* kann Klarheit bringen über Fähigkeiten und Wünsche, die andernfalls verborgen bleiben könnten.

Es ist auch ein geeignetes Mittel für alle Kinder, die interesselos erscheinen, während sie nur orientierungslos sind, und für diejenigen, die allzu sklavisch gegebene Situationen akzeptieren, obwohl sie gerade hier Fähigkeiten und Beherrschung der Materie an den Tag legen könnten. Sie müßten sich sozusagen »den Sack vom Kopf ziehen, in den sie ihn gesteckt haben«.

Spiele, bei denen es darum geht, wer gewinnt, bei dem aktive Entscheidungen bestimmend sind, und zwar sowohl am Spielbrett als auch in Bewegung, helfen dabei, zu verstehen, wie wichtig das »Können« ist, im schönsten Sinne des Wortes, und das ist das Zauberwort: »Ich kann.«

Ich betrachte *Wild Oat* als eine Blüte, die mit dem Prinzip der Kreativität eng verbunden ist, aber ich möchte betonen, daß dieses Wort nicht notwendigerweise ein Synonym für Kunst oder Malerei sein muß. Zu oft wird es in diesem Sinne mißbraucht, aber für mich ist Kreativität Leben, allen Dingen einen Sinn abzugewinnen und die vergnüglichste Art zu finden, sie zu tun. Dann ist es auch kreativ, den Tisch zu decken oder Schubladen aufzuräumen.

Vor einigen Wochen las ich eine kleine Geschichte, die ich hier verkürzt wiedergeben möchte: Es waren einmal drei Arbeiter, die in einem Steinbruch arbeiteten. Als sie gefragt wurden, was sie machten, antwortete der erste mit einem Fluch und schimpfte, daß er für diesen armseligen Lohn schuften und schwitzen müsse wie ein Stück Vieh; der zweite arbeitete, um seine Familie zu ernähren, aber abends ging er froh nach Hause, und seine Müdigkeit war verschwunden. Der dritte jedoch schien bei der Arbeit zu singen und zu tanzen, und er antwortete mit einem Lächeln voller Liebe: »Ich baue eine Kirche für den Herrn!« Dem habe ich nichts hinzuzufügen.

Wild Oat	Ich schaffe die Gelegenheiten, die ich brauche. Ich habe einen starken Sinn für das Ziel. Ich habe besondere Ambitionen zu verwirklichen. Ich folge der Richtung meines Lebens.

Ach, wenn ich nur könnte!

Schon als Kind sagte Bernardo: »Ach, wenn ich nur Basketball spielen könnte!«, und blieb zu Hause und schaute sich ein Spiel im Fernsehen an; »wie gerne würde ich Gitarre spielen können!«, und er hörte eine Schallplatte. Es gab vieles, was er gern getan hätte, aber er hatte nie Lust, es in die Tat umzusetzen, und später suchte er sich irgendeine Arbeit, da er nicht wußte, welche Schule er besuchen sollte. Er war nicht sehr zufrieden mit seinem Leben, aber daran war er selbst schuld, und er wußte nicht, wie er etwas daran ändern sollte. Wenn er eine Reise machen wollte, betrachtete er Landkarten und Reiseprospekte – und blieb zu Hause und seufzte: »Ach, wenn ich nur könnte ...« Alle seine Freunde hatten Hobbys, er kaufte sich Bastelanleitungen, baute aber nie auch nur das kleinste Stück; er schaute sich die Bilder in der Anglerzeitung an, hatte aber noch nie einen Angelhaken in der Hand gehabt; anstatt Fahrrad zu fahren, kaufte er sich einen Hometrainer; ein Kunstbuch ersetzte ihm Farben und Pinsel; er las Kochrezepte – probierte aber nie eines aus!

Bernardo fand den Mut, zuzugeben, daß er unzufrieden war, daß er sich leer fühlte, aber was hinderte ihn im Grunde daran, zu tun, was ihm gefiel? Nur seine Passivität, und er konnte niemandem die Schuld geben, außer seiner eigenen Trägheit. Da kam ihm eine Fee zu Hilfe, die ihm einen Zaubertropfen in sein Mineralwasser schüttete. Es bildeten sich Tausende von perlenden Bläschen, und als Bernardo etwas davon trank, spürte er, wie ein Prickeln durch seinen ganzen Körper ging. Er sagte: »Weißt du, was ich tue? Ich gehe jetzt los und kaufe mir ein rotes Fahrrad und einen Rucksack, und dann fahre ich in die Berge. Dort pflücke ich Blumen für ein Herbarium, und wenn ich zurückkomme, kaufe ich mir Farben und Pinsel und male sie, und dann ... und dann ...«

Und da er nun gesehen hatte, daß er es konnte, und wie, meldete er sich endlich in einem Basketballverein an, lernte

Gitarre spielen und fing ein paar Forellen ... Wie groß die waren? So groß wie die Möglichkeiten, die in Bernardo schlummerten und die er nie ausgenutzt hatte. Zum Glück war die Fee zur rechten Zeit gekommen und hatte ihn mit ihren Bläschen geweckt.

Wild Rose
Heckenrose

Apathisch, müde, lustlos, häufig ohne Appetit: *Wild Rose*-Kinder sind bläßlich, machen einen kranken Eindruck. Sie müssen die notwendige Energie und das Interesse am Leben finden, das vor ihnen liegt.

Sie sind Rekonvaleszenten oder haben sich mit ihrer Situation abgefunden, begehren niemals wütend auf, aber nichts weckt ihr Interesse.

Sie sitzen stundenlang vorm Fernseher, aber nicht mit der für Kinder typischen leidenschaftlichen Neugier, nein, sie vegetieren dahin, lassen sich von Trickfilmen oder Werbung hypnotisieren. Sie sind energielos, schläfrig, traurig und schlapp.

Um so einem Kind wieder *Leben* zu geben, müssen Sie versuchen, Ihr Energiepotenzial aufrechtzuerhalten und ihm ein wenig Lebenslust zu vermitteln, oder herausfinden, warum das Kind eine so traurige Einstellung hat.

Zum Glück kann es sich um einen vorübergehenden Zustand handeln, womöglich bedingt durch eine Rekonvaleszenz oder ähnliches. Das Gegenmittel besteht darin, die Triebfeder für den Wunsch zu finden, etwas zu tun und vor allem etwas zu sein. Es ist nicht wichtig, was das sein kann, alles ist gut, ob das Kind nun Coladeckel sammelt oder aus Zeitungen Bilder für eine Collage ausschneidet; wichtig ist, daß die Kraft der Energie hoch gehalten wird.

Schwung, Tanz, Lachen, anregende Ernährung, auch ein

bißchen Nußnougatcreme, womöglich direkt mit dem Finger aus dem Glas geschleckt, sagen wir es ruhig, das ist das Beste, was es gibt.

Wild Rose	Ich bin lebendig und habe Interesse am Leben. Ich begeistere mich für alles, was ich mache. Ich sprühe vor Vitalität. Ich habe Lust auf Abenteuer.

Wie langweilig, immer dasselbe!

Morgens stand Rosalba schon müde auf. Wie langweilig, jeden Morgen immer dieselben Hausarbeiten zu erledigen! Sie putzte, räumte ein bißchen auf, setzte sich dann vor den Fernseher und schaute sich Seifenopern an. »Die Glücklichen!« dachte sie.

»Diese Frauen da haben so ein schönes Leben, und meines Leben ist so langweilig!« Dabei vergaß sie, daß diese Figuren nur Fiktion waren, nicht Wirklichkeit. Außer fernsehen tat sie übrigens gar nichts und interessierte sich auch für nichts. Mehr als einmal hatten ihre Nachbarinnen sie aufgefordert, mit zum Turnen oder zur Frauengruppe zu gehen, aber sie sagte, sie sei zu müde! Gymnastik oder Spiele, das war ja viel zu langweilig!

Sie hörte, daß eine Nachbarin beim Putzen sang, aber das war ihr genauso unverständlich wie ihr ihre Cousine war, die jeden Tag ein neues Rezept ausprobierte – wie ermüdend! Nein, nein, sie aß jeden Tag ihre gewohnten Nudeln, aber wie langweilig, immer dasselbe!

In einer Serienfolge sah sie, wie die Heldin zu einer Kartenlegerin ging, um sich die Zukunft vorhersagen zu lassen: »Reisen, Liebe und Ruhm! Sie werden reich und berühmt werden, ich sehe Swimmingpools und Diener, Schmuck und Pelze, rote Rosen und Champagner!«

Das sagte eine komische Schauspielerin, vollbehängt mit Ketten und Ohrringen und einem Turban auf dem Kopf in einem mit Amuletten und Talismanen vollgestopften Salon ... Das ist es, dachte Rosalba, ich werde mir auch die Karten legen lassen, vielleicht birgt die Zukunft ja doch noch etwas Schönes für mich!

Und so begab sie sich zu Madame Cesira. Man hatte ihr gesagt: »Sie ist wirklich gut, sie sieht dich, wie du bist.« Aber sie war ziemlich enttäuscht, denn Madame Cesira trug weder einen Turban noch auffallende Ohrringe, sondern einen normalen Rock mit einer blauen Jacke. Trotzdem war Rosalba gespannt, etwas über ihr Schicksal zu erfahren: auf dem Tisch lagen die Karten, drum herum weder Amulette noch Eulen, nur Möbel und Bilder, alles ganz normal.

»Liebe Rosalba, Sie wollen also Ihr Schicksal kennenlernen? Sie müssen wissen, daß wir uns unser Schicksal selbst zimmern. Nun sehe ich um sie herum nur Langeweile und Seifenopern. Sie erwarten doch nicht von mir, daß ich Ihnen etwas sage, was ich nicht sehe? Gut, Sie müssen wissen, daß Ihr Leben eine einzige Langeweile ist, weil Sie langweilig sind, apathisch, sich für nichts interessieren, wenig tun und das nur notgedrungen, ohne jede Begeisterung. Ich weiß, daß Sie jetzt aufstehen und hinausgehen und die Tür wütend hinter sich zuschlagen werden, weil Sie gehofft haben, ich würde Ihnen Märchenprinzen und Champagner prophezeien, aber so ist es nicht ...« Rosalba stand auf und schlug wirklich die Tür hinter sich zu.

Cesira sagte lachend: »Das hatte ich vorausgesehen, ich bin gut, nicht wahr? Arme Rosalba, wer weiß, ob sie es verstanden hat! Ich wollte ihr helfen, und nun hat sie mich noch nicht einmal bezahlt. Ah, ah!« Und fröhlich begann sie an dem Pulli für ihre Tochter weiterzustricken.

Rosalba resignierte, sie hatte recht, nichts interessierte sie:

immer dasselbe, wie langweilig, immer dieselbe alte Leier, wie öde! Wir sagen dir: »Wie schade, Rosalba, du hast überhaupt nichts begriffen! Cesira hatte dir erklärt, wie du aus deiner Betäubung herauskommen kannst, aber wenn du nicht willst ...«

Willow
Weide

Wie traurig ist ein pessimistisches Kind! Es weiß schon, daß ihm diese Melone nicht schmeckt, noch ehe es sie probiert hat, es geht mit der Überzeugung zum Turnier, daß jenes Pferd ein lahmer Gaul ist. Mit seiner Einstellung zieht es tatsächlich Enttäuschungen an, weil es sich so darauf gefaßt macht.

Diese Kinder sind nachtragend, auch über lange Zeit hinweg, daher freuen sie sich, wenn dem Freund zum Beispiel ein Aufsatz mißlingt, und sind dann wirklich zufrieden: »Das soll ihm eine Lehre sein! Sonst kriege ich immer die schlechten Noten ... Jetzt hat er auch mal eine bekommen.«

Ob Lehrer, Lehrerin, Religionslehrerin, Hausmeister, »es hat es mit allen«. Ja, das arme wehrlose Opfer, nie ist es an etwas schuld, sondern immer sind es die anderen oder das Unglück.

Häufig flüchtet es in Krankheiten, um der Welt und besonders der Familie zu zeigen, daß es wirklich arm dran ist und getröstet werden muß.

Weinerliche Jammerlappen, nie ist ihnen jemals etwas recht, aber sie verstehen nicht, daß die *Willow*-Kinder selbst dafür verantwortlich sind, wie die Dinge laufen. Ich brauche nicht zu betonen, daß sie keine Freunde haben: oder hätten Sie gerne einen Freund, der ständig jammert, alles schwarz sieht, ein Spielverderber ist und noch dazu rachsüchtig?

Es muß diesen Kindern bewußt werden, daß man nicht

vom Unglück verfolgt wird, sondern das anzieht, was man denkt. Man muß also versuchen, sich an etwas zu freuen, Gutes zu denken, anstatt herumzugreinen – und dann werden auch gute Dinge kommen.

Warum haben diese Kinder aber nun diese Opfereinstellung auf sich geladen? Das müssen Sie herausfinden ...

Wenn Sie eine Tombola organisieren, bitte helfen Sie gelegentlich ein bißchen nach und lassen Sie das Kind gewinnen.

Wenn Sie als Erzieherin ein Kind in den Hof hinunterschicken wollen, damit es ein paar Blätter für die Collage sammelt, und Sie sehen schon, wie das Gesicht des *Willow*-Kinds sich resigniert verfinstert, dann rufen Sie es auf, und Sie werden sehen, daß in ihm sofort wieder die Lust am Mitmachen geweckt wird. Ein paar Tricks sind immer erlaubt, wenn damit Gutes bezweckt wird.

Willow	Ich verzeihe den anderen, wie ich auch mir verzeihe. Ich verzichte auf Selbstvorwürfe und Bitterkeit. Ich sehe die Dinge in ihrer richtigen Perspektive. Ich übernehme die Verantwortung für meine Beziehungen. Ich sehe das Beste in den anderen. Ich gebe bedingungslos meine Unterstützung.

Interview mit Murr und Brumm

»Meine Herren, ich danke Ihnen, daß Sie diesem Interview zugestimmt haben. Ich weiß, daß Sie Brüder sind, aus dem Dorf Mirpaßtnichts stammen und an das Pech glauben, ist es so?«

»So ist es, wir sind die größten Unglücksraben der Welt, stimmt's Brumm?«

»Mehr noch, Murr, wir sind arm dran, niemand kann uns leiden, alle hassen uns ...«

»Sind Sie sicher, daß dies so ist? Erzählen Sie uns doch etwas über sich: Wer sind Ihre Freunde? Was unternehmen Sie Schönes gemeinsam?«

»Zunächst einmal, Freunde mögen wir nicht, niemand kommt uns je besuchen. Sie sagen, daß unser Kaffee bitter ist, aber uns schmeckt er so: sollen sie doch sehen, wo sie bleiben, wir sind eben so. Sie sind alle unsympathische, egoistische Drückeberger ...«

»Ja, du hast recht, Brumm. Sieh mal, ich bin richtig zufrieden, daß Felix ein Ziegelstein auf den Fuß gefallen ist, jetzt hört er wenigstens auf, so blöd zu lachen. Worüber er zu lachen und froh zu sein hat, weiß sowieso nur er! Er hat wenig und schlecht gearbeitet, wir dagegen sind die besten! Wenn wir nur einmal, irgendwann, im Lotto gewinnen würden ...«

»Ah, spielen Sie häufig?«

»Nein, was denken Sie, wir gewinnen ja nie ...«

»Tja, aber wenn Sie nicht spielen ...«

»Hören Sie, Fräulein, fangen Sie nicht an, alles besser wissen zu wollen! Wir wissen, wie schlecht es uns geht und daß wir vom Pech verfolgt werden, stimmt's Murr?«

»Ja sicher, Brüderchen, die Tomaten im Garten sind auch wurmstichig, die Äpfel werden grau anstatt rot, der Salat ist weiß und matschig. Ja, Sie können mir erzählen, was Sie wollen: daran ist nur unser Nachbar schuld, der stellt sein Radio so laut, daß die Musik unseren Salat verdirbt ...«

»Was sagen Sie da? Ich dachte, Pflanzen mögen Musik ...«

»Pffh, meine Füße mögen Musik! Einen schönen Tritt in den Hintern könnte ich ihm geben, so sieht's aus!«

»Regen Sie sich nicht auf, Sie scheinen mir ziemlich pessimistisch zu sein und alles negativ zu sehen.«

»Ich habe dir ja gesagt, Brumm, laß dich nicht auf das Interview mit der da ein. Ich wußte gleich, daß sie eine Nervensäge ist, aber du bist zu gutmütig, und die kritisieren nur an uns herum, sonst nichts. Hast du gesehen? Ein schöner Reinfall, wieder einmal nichts als Betrug!«

»Aber nein, hören Sie, was sagen Sie da, Betrug? Wir haben Ihnen die Reise bezahlt und das Hotel ...«

»Apropos, ein schönes Hotel! Aus unserem Fenster kann man nicht mal den Garten sehen ... nur eine zerfallene Mauer, lauter kaputte Steinen, was für ein Anblick!«

»Aber, aber – das ist das Colosseum ...«

»Mag sein, aber mir wäre der Garten lieber, was meinst du, Brumm?«

»Ich wäre am liebsten zu Hause geblieben. Heute morgen gab's nicht mal Brot, nur Brioches, Brötchen, Kekse, Marmelade, Honig, Orangensaft ... Was zum Teufel ist das für ein Frühstück?«

»Nun gut, können Sie uns sagen, warum Sie sich vom Pech verfolgt fühlen?«

»Alles, alles geht schief, und wir sind sicher, daß uns nie etwas gelingen wird, oder stimmt's etwa nicht, Murr?«

»Mehr noch, Brumm, mehr noch. Du bist viel zu optimistisch, wirklich!«

»Wir unterbrechen die Sendung für kurze Zeit aus technischen Gründen ...«

»Hast du gesehen, daß ich recht habe? Nichts klappt, so ist es doch!«

Ein paar Worte an die Mütter

Ich möchte nun noch einen Augenblick bei der Bedeutung der Blütenmittel verweilen und Ihnen jegliche Befürchtung nehmen, ob Sie diese auch verabreichen können.

Dr. Bach hat uns versichert, wie einfach seine Methode ist, ja er bittet uns sogar, uns von soviel Einfachheit nicht verblüffen zu lassen, denn in der Natur ist alles einfach, wir sind es, die die Dinge komplizieren.

- Geben Sie also die Blütenmittel ohne Furcht, Sie sind, in absolut positivem Sinne, dafür verantwortlich, daß es Ihren Kindern gut geht. Sie werden sehen: wenn Sie sich erst einmal mit den Blütenmitteln vertraut gemacht haben, indem Sie die Beschreibungen lesen, und sich auf Ihren Mutterinstinkt verlassen, werden Sie keine Fehler machen.
- Sie können, wie schon erwähnt, keine Fehler machen, die Schaden anrichten – schlimmstenfalls passiert gar nichts, und Sie versuchen es noch einmal und experimentieren neu.
- Falls Sie sich nicht sicher genug fühlen, nehmen Sie *Larch* und *Cerato.* Wenn Sie ungeduldig auf Resultate warten, nehmen Sie *Impatiens.*

Erwarten Sie keine Dankbarkeit – oder nehmen Sie *Chicory:* was wir für unsere Kinder tun, verlangt nach keiner Belohnung, außer der inneren Befriedigung, so wunderbare Wesen hervorgebracht zu haben, die uns etwas lehren können, die wir jedoch nicht als Privateigentum betrachten dürfen und denen wir unsere Pflichten ihnen gegenüber nicht aufbürden dürfen. Bedingungslose Liebe sollte die Grundlage unserer Beziehung zu ihnen sein. Sie lieben um der Liebe willen, ohne etwas zu verlangen und ohne ihnen jemals die »Opfer« vorzuwerfen, die wir für sie bringen. Wir wissen doch, daß wir alles, was wir tun, sei es nun positiv oder negativ, vielfach auf andere Weise zurückbekommen. Wenn wir dieses einfache, aber wahre Gesetz einmal verstanden haben, werden wir einen guten Teil unserer Probleme gelöst haben.

In uns gibt es eine Antwort auf jede Frage, wir müssen nur bereit sein, still auf sie zu lauschen. So hat auch Edward Bach die Blüten gefunden, indem er auf sich und die Natur hörte, die ein Teil von uns ist. Wenn wir dieses System benutzen, werden wir keinerlei Zweifel darüber haben, wie einfach es ist zu entscheiden, welches Blütenmittel wir geben sollen.

- Vertrauen Sie auf Ihre innere Stimme. Ich werde nie müde zu wiederholen, daß diese Methode vor allem intuitiv ist, sie beruht mehr auf der Sensibilität als auf der Statistik, und wo Liebe ist, kann man nicht fehlgehen.

Nützliche Ratschläge und Fantasiereisen

Die Einteilung der Klassen in der Schule war schon immer ein Problem. Die richtigen Parameter zu finden, um möglichst homogene und ausgewogene Klassen zu bekommen, ist das Ziel, das sich jeder Lehrer setzt ... Nun verstehe ich mich zwar gar nicht auf Astrologie, aber ich glaube sehr daran. Haben Sie beispielsweise schon mal darüber nachgedacht, was für ein Ungleichgewicht es ergibt, wenn in einer Klasse zehn Widder und nur ein Wassermann sind?

Vielleicht erscheint es Ihnen verrückt, was ich hier vorschlage, aber ich glaube nicht, daß es das ist: Versuchen Sie einmal, Schüler aller Tierkreiszeichen in Ihre Klasse zu bekommen, oder wenigstens eine gleichmäßige Verteilung von Feuer, Wasser, Luft und Erde. Ähnliche Eigenschaften zu haben ist schön, aber es summieren sich auch die gleichen Probleme; ich finde, Verschiedenheit hilft, alle gemeinsam voranzubringen.

Die Lehrerin ist keine Superfrau! Stimmt es denn, daß unsere Probleme draußen bleiben müssen, wenn wir arbeiten? Zum Teil ja, aber es ist kein Fehler, sich verwundbar zu zeigen; vielmehr zeigt es uns, was wir in Wirklichkeit sind: ganz normale Menschen. Wenn es also wirklich einmal nicht geht und eine schwarze Wolke über Ihrem Kopf hängt, nehmen Sie *Mustard,* aber sagen Sie auch Ihren Kindern Bescheid, und glauben Sie nicht, die könnten es nicht verstehen und Ihnen nicht helfen.

- Kinder sind sehr sensibel und werden, wenn Sie sich einmal nicht gut oder müde fühlen, alles tun, um es Ihnen leichter zu machen. Kinder verstehen, daß wir alle manchmal positive und manchmal negative Gefühle haben. Ich finde es sehr schön, mit ihnen auch momentane Schwierigkeiten zu teilen.

Wenn schlimme Kopfschmerzen Sie plagen, erklären Sie Ihren Schülern, was mit Ihnen los ist. Sagen Sie ihnen auch, daß Sie nicht geschlafen haben, weil Sie sich über irgend etwas Sorgen gemacht haben, bitten Sie sie, ruhig zu spielen oder auch eine visuelle Übung zu machen, um Ihnen zu helfen: Sie werden die eifrigsten und selbstlosesten Menschen finden, die Teilnahme für Ihr Problem zeigen und Ihnen wirklich zu helfen wissen.

Reden Sie immer in positiven Worten, und zwar so, daß auch die Kinder es lernen, so daß die Lebensqualität verbessert wird. Anstatt Marco jedes Mal zu ermahnen, daß er den Pinsel falsch hält, loben Sie ihn lieber jedes Mal, wenn er es richtig macht, und wenn das nie der Fall ist – du liebe Zeit, dann halten Sie ein Fläschchen *Chestnut Bud* bereit.

Auch in bezug auf Fehler sollten wir darauf achten, wie wir uns verhalten, denn wir haben ja schon gesehen, daß das, was wir *tun,* falsch ist – nicht aber wir. Wenn Luisa also das Bild ihrer Freundin zerreißt, dann loben Sie sie natürlich nicht, aber geben Sie ihr auch nicht das Gefühl, pervers zu sein. Weisen Sie darauf hin, wie sehr man einen anderen verletzen kann, indem man sein Bild zerreißt; vielleicht können Sie ja sogar sagen: »Wie kann ein so nettes Kind wie du, Luisa, es zulassen, daß dieser unerfreuliche Zwischenfall passierte? Sicher hast du diese Lektion verstanden und etwas Neues gelernt. Schließe Frieden mit deiner Freundin, sie ist bestimmt bereit, dich zu umarmen, und dann setzt ihr euch zusammen und malt gemeinsam ein schönes großes Bild, das wir hier aufhängen können.«

Hilfe! Mein Kind ißt nichts!

In Anbetracht der Tatsache, daß nur in der Dritten Welt Kinder verhungern müssen und da dieses Buch sich auf Kinder und nicht auf Jugendliche bezieht, wir uns also noch nicht mit der Magersucht befassen, kenne ich keine Fälle von Kindern, die verhungert sind – wenn etwas zu Essen im Haus war.

Im Laufe meiner zwanzigjährigen Arbeit in Mailänder Kindergärten lautete die schicksalhafte Frage der Mütter und Großmütter: »Hat mein Kind etwas gegessen?« Wenn das ein Problem war, wich ich aus und zeigte das schöne Bild, das das Kind an diesem Tag gemalt hatte – und als Reaktion kam dann stets: »Ja, aber hat es etwas gegessen?«

Essen, das müssen Sie wissen, ist die mächtigste und wirkungsvollste Waffe, die Kinder besitzen. Das merken diese schon, wenn sie noch ganz klein sind, wenn sie bei den ersten Breis wollen, daß wir mit dem Löffel Flieger spielen, daß Opa wie ein Verrückter auf der Trompete bläst oder das Dumbo-Video laufen muß, und wir, sobald das Kind den Mund aufmacht und wir mit Ach und Krach einen Löffel hineinschieben können, in Begeisterungsstürme ausbrechen, die einem Bundesligaspiel alle Ehre machen würden. Für uns ein sinnestäuschender Streß, für sie eine kostenlose Zirkusvorführung, die sich drei-, viermal am Tag wiederholt: es ist doch zu lustig zu sehen, wie Opa vom seriösen Bankdirektor zum Clown mutiert, nur wegen einem bißchen Brei, den man schließlich wieder ausspucken kann, wobei er noch dazu kunstvolle Schnörkel auf Tisch, Stuhl und Mama hinterläßt. Kurz und gut, das Kind entdeckt, daß Essen ein Schlüssel ist, der viele Türen öffnet, und merkt sich das genau.

Aber ich will hier keine Abhandlung über das Verhältnis des Kindes zum Essen schreiben, obwohl es nützlich sein kann, wenn ich Ihnen ein paar Strategien vorschlage.

- Spielen Sie mit Form und Farbe der Nahrung. Manchmal wird ein Apfel gern gegessen, wenn er in Form eines Bootes in den Mund segelt. Aber wählen Sie nur Dinge, die dem Kind schmecken, und bestehen Sie nicht darauf, ihm Paprika anzubieten, wenn es sie haßt, auch wenn sie so gesund sind und viele Vitamine haben ... Wenn Sie gerne Artischocken mögen, dann essen Sie so viele, wie Sie wollen, aber geben Sie dem Kind lieber Zucchini, wenn es die lieber mag, auch wenn Sie sie verabscheuen.
- Wußten Sie übrigens, daß Schinken, Mozzarella und Karotten, in Würfel geschnitten und auf einen langen Zahnstocher gesteckt, faszinierende »Dreifarbenspieße« abgeben? Und erst Obstspieße, für die die Kinder die Früchte selbst abwaschen und dann mit einem Plastikmesser klein schneiden dürfen: es schmeckt abwechslungsreich, die Kinder haben ihre Energie und Fantasie hineingesteckt, und so wird kein einziges Stückchen übrigbleiben. (Wissen Sie noch, wie gut die Kirschen schmeckten, die wir von dem Baum in Nachbars Garten geklaut haben? Nein? Ich aber doch: ganz süß, viel süßer als die auf unserem Baum.)

Nun beschreibe ich in groben Zügen, wie man »einen Imbiß« zubereiten könnte. Zuerst verkündet man, daß es heute keine richtige Mahlzeit gibt, sondern eben nur einen Imbiß: Pappteller, Tischtuch ist verboten, erlaubt sind bunte Tabletts, und dann ein paar Oliven, drei Kartoffeln, Pizzastücke oder Törtchen, sozusagen als Vorspeise wie im Urlaub, und dann auf den Tabletts Fruchtjoghurt, Müsli, Selleriestangen, Karotten, Fenchel, hier und da eine Scheibe Schinken und zwei Käsewürfel, nur so, damit es schön aussieht. Sogar gegrillte Zucchini, zusammengerollt und auf Zahnstocher gesteckt, werden so zu leckeren Häppchen.

Wenn all diese guten, gesunden Dinge verspeist sind, werden alle überzeugt sein, Gott weiß wie gegen die Regeln verstoßen zu haben! Die ganze Kunst besteht darin, das Problem mit dem Essen zu entdramatisieren.

- Und wenn das Kind zuviel ißt? Versuchen Sie herauszufinden, warum! Kann es sein, daß seinen Bedarf an Zuneigung stillt, daß es mehr Beachtung sucht, indem es – im wörtlichen Sinn – »mehr Raum einnimmt«. Sie sollten keine Schuldgefühle haben, da ein Bedürfnis keine Anklage ist, vorausgesetzt es gelingt Ihnen, es zu befriedigen.

Häufig hat sich der Mechanismus schon von klein auf eingeklinkt. Erinnern Sie sich an den als Clown verkleideten Opa? Und die Freudenschreie, wenn das Kind den Teller leer aß? Und nun ißt es viel, so viel – aber Sie feiern es nicht?

Und wissen Sie noch, wie Sie ihm drei Eis gaben, damit es nicht mehr weinen mußte? Jetzt assoziiert es Trost mit Süßem – das ist bei uns Erwachsenen doch auch so.

Hilfe! Mein Kind hat eine Dermatose!

Zunächst sollten Sie *Rescue Cream* von Dr. Bach benutzen, dann müssen Sie feststellen, wieso sich der lästige Fleck oder die berüchtigten Pusteln gebildet haben.

Im allgemeinen sind *Crab Apple* und *Impatiens* am besten geeignet für alle Formen von Dermatosen, Sie sollten jedoch zu *Mimolus* greifen, wenn eine Allergie durch Angst begründet ist. Ich glaube nämlich, daß unser Körper Angst vor den Allergenen hat, seien es nun Katzenhaare oder Erdbeeren, und sich dagegen wehrt, indem er als Reaktion Histamin freisetzt und häufig Irritationen verursacht.

Nehmen Sie *Holly,* wenn ein Eifersuchts- oder Wutanfall sich in Pickeln äußert, die ein Abwehrmechanismus sind, in den auch die Leber miteinbezogen sein kann; *Agrimony,* wenn das Kind sich ständig kratzt, weil irgend etwas es quält und dadurch eine Schwächung der Haut hervorgerufen wird und der Juckreiz sich ausdehnt; *Pine,* wenn man nach einer – womöglich heimlichen – Schokoladenorgie Schuldgefühle hat und man sich mit einem Pickelausbruch selbst bestraft; *Beech, Chicory* oder *Vine,* wenn das Kind den Stuhlgang lange eingehalten und so eine Vergiftung hervorgerufen hat (*Crab Apple* zur Reinigung zusetzen).

Bei Hautausschlägen geben Sie *Impatiens, Crab Apple* und *Agrimony,* um die Schmerzen und Qualen zu stillen, dazu *Rescue* und *Hornbeam,* um das Fieber zu senken und die Kopfschmerzen zu lindern, und *Rescue Cream* gegen Juckreiz.

Hilfe! Mein Kind schläft nicht!

Schlafstörungen bei Kindern sind häufiger, als man denkt. Wenn sie durch Angst bedingt sind oder die Kinder Alpträume haben, verabreichen Sie die folgende Kombination: *Aspen, Rock Rose, Mimolus.*

Kinder, für die diese Blütenmittel in Frage kommen, haben Angst vor der Dunkelheit, schieben ständig das Zubettgehen hinaus und wollen nie allein schlafen, weil seltsame Gespenster und Monster neben ihrem Bett auftauchen könnten. Sie sind fasziniert von allem, was mit Zauberei zu tun hat, fürchten sich dann aber. Man sollte ihnen entspannende Geschichten erzählen und vor dem Einschlafen einfache allabendliche Rituale einführen: Zähneputzen, Aufräumen, vielleicht kurz an den Schutzengel denken.

Wenn der Schlaf nicht kommen will, weil es sich um hyperaktive Kinder handelt, kann *Vervain* oder *Impatiens* helfen, da in diesem Fall die Unruhe der Kinder einen erholsamen Schlaf verhindert. Es ist, als ob sie ihren körperlichen Rhythmus mit ihrem geistigen abstimmen müßten und dazu nicht in der Lage sind, weil sie immer Energie abzugeben haben.

Es kann sogar sein, daß sie nachts mit den Zähnen knirschen. Diese Kinder sollten sich vor dem Zubettgehen ein wenig Bewegung machen, aber nicht zu wild, also nicht auf dem Bett herumtoben, sondern ein bißchen Aerobic oder besser noch freier Tanz.

Wenn Sie ein Kind haben, das tagsüber ruhig und friedlich, nachts jedoch unruhig ist, dann ist *Agrimony* das richtige Mittel. Das Kind wird etwas zu trinken verlangen, dann ein Bonbon und nicht zugeben, daß es Angst hat, aber Sie werden es merken; im allgemeinen kauen diese Kinder Fingernägel. Wenn das Kind sagt, daß es nicht schlafen kann, weil ein Gedanke ihm immer im Kopf herumgeht, geben Sie ihm *White Chestnut*, und wenn Sie merken, daß das Kind vielleicht wegen irgend etwas Schuldgefühle hat, *Pine.*

Bitte seien Sie nicht allzu streng in Ihrer Forderung, das Kind solle allein bleiben. Es gibt Augenblicke, in denen die Anwesenheit eines Erwachsenen Sicherheit geben kann: verweigern Sie diese dann nicht.

Was das Alleinschlafen betrifft, so will ich Ihnen kurz meine Erfahrung schildern. Mein Sohn brauchte nie darum zu betteln, ins Ehebett kommen zu dürfen; mein Mann und ich waren sogar sehr froh, ihn manchmal bei uns zu haben, aber das Argument, das er benutzte, um sein Ziel zu erreichen, war unwiderlegbar: »Es ist ungerecht, daß ich, ein kleines Kind, allein schlafen muß und keine Angst haben darf und keine Geschichten machen soll, während ihr Großen zusammen in einem Bett schlaft!« Es ist wirklich schön, nicht allein zu schlafen. Früher waren Häuser und Familien so strukturiert, daß Erwachsene und Kinder zusammen in großen Zimmern schliefen. Jetzt, in unserer Welt der Einzelkinder und Dreizimmerwohnungen mit Küche und Bad, haben alle – oder fast alle – unsere Kinder das Zimmer, von dem wir alle geträumt haben, um ungestört zu spielen ... Aber zum Schlafen hätten sie gerne ein Riesenzimmer, in dem sie auch nachts Gesellschaft haben!

Visuelle Übung zur Entspannung

Kinder, streckt euch, macht es euch bequem, Arme und Beine nicht kreuzen, sondern öffnet sie ein wenig, schön weich, entspannt euch. Jetzt schließt die Augen (ich habe nicht gesagt: zusammenkneifen), und bereitet euch auf eine wunderschöne Fantasiereise vor: wir reisen in die Welt der Farben.

Wir atmen zusammen dreimal tief durch, so wie ich – und lassen alle unsere Muskeln locker, die angespannt sind, so daß sie ganz weich werden; bei jedem Atemzug ist es, als würden wir weich wie Samt.

Stellt euch vor, ihr seht einen Regenbogen; er ist wie eine Brücke, auf der ihr über die Farben zum Himmel emporsteigt. Ihr kommt zum Rot und spürt, wie gut ihr euch fühlt; dann zum Orange, und ihr fühlt euch ruhig und heiter; jetzt kommt Gelb, und euer Kopf und eure Gedanken sind schön und ruhig, während euer Verstand für euch arbeitet; ihr geht weiter zum Grün und fühlt euch in Frieden mit allem und jedem, ruhig und entspannt; dann zu Blau, und ihr mögt euch sehr, ihr mögt euch selbst, dieses wunderbare Kind, das ihr seid, und ihr mögt auch alle anderen; geht weiter zu Dunkelblau, und ihr werdet in eurem Innern eine verborgene Stelle finden, wo euer bester und schönster Teil sich befindet, euer Herz; und dann weiter über Violett, und ihr spürt, wie stark die Schönheit ist, die in euch ist: ihr seid es, die all das geschaffen habt.

Entspannt euch, ihr steht ganz oben auf dem Regenbogen, mitten in den Wolken. Fliegt los, steigt empor und schaut in die Ferne: jemand kommt zu euch und reicht euch die Hand. Ich weiß nicht, wer oder was das ist, ich weiß nicht, ob es eine euch bekannte Person oder Figur ist, aber ich weiß, daß sie hier ist, um euch bei dieser Übung Gesellschaft zu leisten, die wie ein Traum ist. Wenn ihr sie nicht kennt, fragt sie im Geiste nach ihrem Namen ...

Gebt euch die Hand, ihr und euer Führer, und geht zusammen spazieren – was seht ihr? Es kann sein, daß ihr von den Wolken zu einem anderen Ort kommt, der euch sehr gut gefällt: schaut ihn euch an, berührt ihn, spielt mit eurem Freund.

Jetzt werde ich ein paar Minuten nichts mehr sagen und euch dieser sanften Musik überlassen, die euch auf eurer Reise leiten wird ... Dann werdet ihr wieder meine Stimme hören und ich werde euch bitten, zurückzukehren und uns, wenn ihr wollt, ein wenig von dieser schönen Erfahrung zu erzählen ...

Verabschiedet euch jetzt von eurem Freund, eurem Führer, aber ihr wißt, daß er jedes Mal, wenn ihr es wollt und ihn ruft, kommen wird, um euch zu helfen und euch Freude zu machen. Kehrt zum Regenbogen zurück, und wir gehen jetzt in umgekehrter Reihenfolge über die Farben: Violett ... Dunkelblau ... Blau ... Grün ... Gelb ... Orange ... Rot ... Öffnet die Augen und spürt, wie wohl ihr euch fühlt.

Wie Fantsiereisen die Aura stärken

Schließt die Augen, legt die Hände auf den Solarplexus, ungefähr dort, wo der Magen ist, und stellt euch vor, in einem Raum zu sein, der euch sehr gut gefällt, mit vielen schönen Dingen und Gold um euch herum.

Stellt euch vor, auf eurem Solarplexus ist ein großes goldenes Schild, von dem goldene Strahlen ausgehen ... Nehmt die Hände ganz langsam weg, ganz langsam – die Strahlen folgen der Bewegung der Hände. Nun formt um euch herum eine große goldene Schale ... Es ist, als wäret ihr in einem Ei aus goldenem Licht.

Ertastet genau die Grenzen dieses schützenden Eis, und ihr werdet sehen, wie ihr sie ausdehnen könnt, so wie es euch gefällt. Macht das Ei größer – aber auch stärker, ihr wißt, daß ihr durch diese Schale völlig geschützt seid ... Versucht euch vorzustellen, daß dieses Licht undurchdringlich ist und nichts durch es hindurchgehen kann ... Laßt eine Mücke in eurer Fantasie herbeifliegen ... Schaut, sie versucht, euch zu stören, aber es gelingt ihr nicht, weil sie nicht in das goldene Ei hineinkommt.

Bleibt eine Weile so, um die Übung zu festigen ... Und denkt daran, daß die goldene Schale, auch wenn ich euch sage, daß ihr die Augen wieder aufmachen sollt, immer da sein wird und euch beschützen wird.

Fantasiereise, um positive Energie zu anderen und zu sich selbst zu senden

Streckt euch, macht es euch bequem, Beine und Arme nicht überkreuzen, schließt die Augen, atmet dreimal tief durch: eins ... zwei ... drei ...

Entspannt euch und macht euch bereit, in eurer Fantasie einen Ort zu schaffen, der euch ganz allein gehört. Einen Ort der Fantasie, zu dem nur ihr allein gehen könnt, weil es ihn nur in eurem Kopf gibt.

Um zu diesem Ort zu gelangen, müssen wir eine bunte Treppe hinabgehen: die erste Stufe ist rot, und darauf liegt etwas Rotes; die zweite Stufe ist orange, und darauf liegt etwas Orangefarbenes; die dritte Stufe ist gelb: was findet ihr Gelbes auf dieser Stufe? Und dann, Grün, Blau, Dunkelblau, Violett. Seid ihr auf der letzten Stufe angekommen? Was findet ihr da?

Schaut euch um, wo ihr nun seid, und schafft euch einen Ort, wo euer Geheimversteck sein soll. Das kann eine Hütte sein oder eine Villa, ein Vogelnest oder eine Wolke, ein Baum oder eine Riesenblume. In Gedanken könnt ihr alles schaffen, was ihr wollt.

Wenn ihr sicher seid, die richtige Stelle gefunden zu

haben, gebraucht eure Hände und formt, immer mit geschlossenen Augen, euer Arbeitszimmer. Es ist ein Zauberzimmer, in dem es alles gibt, was ihr wollt; es stehen Möbel darin mit allem, was ihr braucht. Wollt ihr Zeichentrickfilme sehen?

Ihr braucht nur mit den Fingern zu schnippen und ein Fernseher erscheint, der die Abenteuer eures Lieblingshelden überträgt.

Nun kommen zwei Leute in euer Zimmer, ein Mann und eine Frau; das sind eure Helfer, sie wollen euch behilflich sein, und ihr könnt sie mit euren Gedanken überall hinschicken, wohin ihr wollt.

Da kommt der Mann. Wer ist er? Ein Mann, ein Junge, oder was sonst? Begrüßt ihn und dankt ihm, daß er gekommen ist, um euch zu helfen, schnippt mit dem Finger und zaubert einen Sessel für ihn herbei ... Dann kommt die Frau. Wer ist sie? Kennt ihr sie oder nicht? Ist sie groß oder klein? Laßt sie auf einem anderen Sessel Platz nehmen und schließt Freundschaft mit euren Helfern; ihr werdet sehen, daß sie euch sehr nützlich sein werden.

Wollt ihr ausprobieren, wie sie für euch arbeiten? Sie gehorchen euch immer. Sagt ihnen zum Beispiel, sie sollen euch eine Zauberkugel holen, aus der bunte Lichter strömen ... Seht, sie gehen los und kommen sogleich mit der Kugel aus buntem Licht zurück: habt ihr gesehen, wie toll sie das machen? Wollt ihr jemandem helfen ... was weiß ich ... vielleicht eurer Mutter, die bei der Arbeit ist und sehr müde? Gut, schickt sie, eurer Mutter einen Kaffee zu bringen, oder besser noch, einen energiereichen Tee, oder schickt eurer Mutter durch eure Helfer einen Strahl grünen Lichts ...

Ihr habt verstanden, daß diese beiden Helfer mit der Geschwindigkeit der Gedanken reisen, und so könnt ihr jedesmal, wenn ihr ängstlich seid (vielleicht wenn der Papa sich verspätet und ihr euch Sorgen macht), die Helfer ausschicken, mit Nebellampen, wenn der Papa gerade auf der

Autobahn fährt, oder mit einer Zauberpille, wenn ihr wißt, daß er Zahnschmerzen hat ...

Ihr könnt auch euer Bauchweh kurieren ... dort an in eurem magischen Geheimversteck steht ein Schrank mit allen möglichen wohltuenden Mitteln, und eure Helferin wird euch einen Tee kochen ... Habt ihr euch am Knie weh getan? Dafür gibt es extra eine Creme ... Habt ihr Angst vor einer Klassenarbeit? Auch dafür gibt es ein Fläschchen mit ausgezeichneten Tropfen.

Kurzum, baut euch mit Hilfe eurer Fantasie ein richtiges Zauberlaboratorium, und das Schöne daran ist, daß es funktioniert.

Da gibt es auch Lampen und Lichtduschen zum Energieauftanken, wenn ihr müde seid, aber auch Licht, das euch entspannt und einschlafen läßt, wenn ihr wollt.

Jedesmal, wenn ihr an diesen Ort kommt, könnt ihr all das tun, was ihr wollt ... Ihr könnt Dinge hinzufügen und euch Neues ausdenken ... Aber etwas könnt ihr nie tun. Ihr müßt wissen, daß es auch für die Magie strenge Regeln gibt: an diesem Ort kann man nur gute und schöne Dinge tun; also eurem Freund kein Bein stellen, wenn er euch auf die Nerven geht, keine Abführpillen für die Lehrerin, kein Niespulver für eure Tante. Hier tut man nur positive Dinge, und wer sich nicht daran hält, muß dafür bezahlen. Das ist das Bumerang-Gesetz, alles kommt wieder zu euch zurück: wenn ihr Liebe, Wohlbehagen, sanfte, freundliche Gedanken aussendet, werdet ihr dafür Liebe, Zärtlichkeit, Gesundheit und nette Worte zurückbekommen. Aber wenn ihr Bosheit und Kränkungen ausschickt – was soll dann zurückkommen?

Da euch diese Übung sicher ziemlich müde gemacht hat, kuschelt euch jetzt in einen schönen Sessel, dehnt und streckt euch, laßt eine Dusche goldenen Lichts auf euch herabrieseln, das euch entspannt und wieder neue Energie verleiht – dann öffnet die Augen.

Tausend Gelegenheiten für Bach-Blüten

Es gibt schon die Charta der Rechte des Kindes, wie auch der Rechte des Kranken oder des Bürgers, aber werden sie auch respektiert?

Ich glaube, zuallererst hat ein Kind das Recht, glücklich zu sein. Natürlich muß es ernährt, gewaschen, gepflegt und ausgebildet werden – aber auch Liebe ist ein Geburtsrecht für alle, auch wenn nicht alle in den Genuß kommen, obwohl es sicher ist, daß niemand darauf verzichten kann. Oder besser gesagt, mit den Jahren gewöhnt man sich daran und kann darauf verzichten ... wie jener Esel, der, nachdem er sich erst einmal daran gewöhnt hatte, die Mahlzeiten zu überspringen, gestorben ist.

Was hat das alles mit den Bach-Blüten zu tun? Es hat damit zu tun, daß Bach uns eine Vorlesung über die Liebe und das Recht auf Gesundheit hielt: Sie brauchen nur daran zu denken, daß seine Sensibilität ihn dazu brachte, jegliche therapeutische Form der Gewalt aufzugeben, einschließlich der berüchtigten Spritze. Ja, Bach weigerte sich, weiterhin Substanzen zu verwenden, die injiziert werden müssen: das erscheint Ihnen wenig als »Recht des Kindes«?

Derselbe Bach verweist mehr als einmal darauf, daß man jedem Kind die Freiheit lassen soll, das zu tun, wozu es seiner Natur nach neigt, sei es nun ein Stubenhocker oder Poet, Sportler oder Gärtner. Er beharrt darauf, nicht mit Kritik oder Verurteilungen einzugreifen, wenn ein Kind seiner Kreativität Ausdruck verleiht, und doch haben wir schon tausendmal gesagt: »Warum hast du das Fenster so klein gemalt? Bist du der Meinung, daß die Sonne rosa ist? Wo sitzen bei diesem Kind nur die Arme?« Und so bewirken wir, daß Arme und Stifte gleichsam herunterfallen. Vielleicht war dieses vom Herzen kommende Bild ja als Überraschung für uns oder für Papa gedacht, nun aber ist das Ergebnis bestenfalls eine Änderung, damit wir zufrieden sind, oder aber ein Blockieren der Aktivität oder gar die Zerstörung des Bildes ... Fast nie werden Sie hören: »Mir gefällt es so, ich will eine grüne Sonne, deswegen lass' ich sie so!« Die Kinder werden versuchen, uns zufriedenzustellen und sich anzupassen, weil sie ständig akzeptiert werden wollen. Wäre es so anstrengend für uns, immer und auf jeden Fall zu rufen: »Wie schön, wie toll hast du das gemacht, so schöne Farben, das hänge ich gleich auf!«? Bei allem Respekt für die moderne Kunst und angesichts der Tatsache, daß wir Millionen für abstrakte Bilder ausgeben, sollten wir auch die Inspiration unserer Kinder schätzen, nicht nur die großen Meister ...

Ein weiteres Recht und Grundbedürfnis der Kinder ist das Lachen. In dieser Gesellschaft wird immer weniger gelacht, die Mundwinkel biegen sich mehr und mehr nach unten, oder wir begnügen uns mit dem üblichen Lachen aus der Konserve, d. h. im Fernsehen oder Kino. Ich habe gewiß nichts dagegen, auch wenn es häufig geschmacklos ist – aber die Lust, einfach so zu lachen, Gründe zu erfinden, um Spaß zu haben, das ist etwas anderes. Apropos, wußten Sie, daß Lachen reinigend auf die Aura wirkt?

Wirklich, lachen Sie, und es wird Ihnen gut tun, es ist auch gar nicht schwierig, wieder mit dem Lachen zu beginnen. Der Sinn für Humor hilft uns, unglaubliche Belastungen zu tragen, er schadet nicht, macht nicht süchtig, hat keine Gegenanzeigen und gibt uns neue Energie: genau wie die Bach-Blüten!

Kinder haben auch das Recht, das anzuziehen, was ihnen – und nicht nur uns – gefällt, in ihren Farben und mit der notwendigen Bequemlichkeit, damit sie sich bewegen, herumtoben können, ohne den Alptraum, den neuen Pulli schmutzig zu machen, »sonst wird meine Mama böse, wir haben ihn gerade erst gekauft«. Leugnen Sie es nicht, es ist so, manchmal benutzen wir die Kinder als Anziehpuppen. Ich sage nicht, daß Kinder keinen Wert auf Kleidung legen, aber sie müssen die Wahl haben dürfen. Wenn sie natürlich mitten im Winter einen Bikini tragen wollen, müssen wir fest *nein* sagen (falls Sie nicht gerade in Santo Domingo in Urlaub sind), aber wenn Sie angesichts eines roten Sweatshirts zu einer rosa Hose schaudern – Pech gehabt.

Apropos Schauder, wenn Sie frieren, ziehen Sie sich warm an, aber häufig kann man Kinder sehen, die so fest eingemummt sind, daß sie schwitzen, während ihre Mutter unter ihrem Trenchcoat einen Supermini trägt. Sie sollten also die richtige Dosis einschätzen können und die Kinder fragen, ob es ihnen warm ist oder nicht. Sie gehen zwar morgens auf die Straße, aber in der Schule ist es oft sehr warm, und dann sollten sie Schuhe, dicke Pullis und Wollstrümpfe ausziehen können. Wie oft habe ich im März schon arme Wesen gesehen, die aussahen, als wollten sie auf eine Nordpolexkursion, während draußen bereits *Cherry Plum* in voller Blüte stand!

Kinder haben das Recht, daß man ihnen glaubt, und wir dürfen nicht von der Annahme ausgehen, daß nur Erwachsenen die Wahrheit sagen. Ich persönlich habe immer geglaubt, was mein Sohn mir erzählt hat, seit er zwei Jahre alt war (vorher konnte er noch nicht sprechen), auch zum Nachteil der Erzieherinnen und auch, wenn ich mißbilligendes Gemurmel hinter meinem Rücken ertragen mußte. Denn müssen wir nicht alles auch von ihrem Standpunkt aus analysieren?

Kinder haben das Recht, sich auszuruhen, eine Pause sich zu genehmigen.

Hatten Sie nicht auch schon einmal absolut keine Lust, arbeiten zu gehen? Nein? Ich schon, oft sogar, und das kann auch Kindern passieren, und anstatt einen Mechanismus auszulösen, der sie soweit bringt, daß sie wirklich krank werden, damit sie nicht zur Schule müssen, ist es besser, für einen Tag »Ferien, Pause, Ruhe, Auftanken, Relaxen« zu beschließen. Kurz, Sie können es nennen, wie Sie wollen, aber Sie werden sicher selbst einschätzen können, wann Sie sagen sollen: »Ich sehe, daß du sehr müde bist. Vielleicht solltest du morgen ein bißchen länger schlafen. Dann machen wir einen Spaziergang durch den Park und tanken ein bißchen Sonne ...« Nein, ich fordere Sie nicht auf, das Schwänzen zu legitimieren, noch künftige Drückeberger großzuziehen, ich sage nur, daß das Bedürfnis, innezuhalten, nicht unbedingt mit einem freien Tag zusammenfallen muß: das ist alles. Ein versäumter Tag wird aus unserem Kind keinen Esel machen, genauso wenig wie zwei Tage mehr keinen Nobelpreisträger aus ihm machen werden.

Natürlich steht es Ihnen frei, das zu tun, was Sie wollen. Ich kann Ihnen nur Vorschläge geben, aber ich versichere Ihnen, es funktioniert. Kinder müssen die Freiheit haben, ein Bedürfnis zum Ausdruck zu bringen, ohne sich schuldig zu fühlen, aber vor allem, ohne jene berühmten Mechanismen in Gang zu setzen, die wir dann unser ganzes Leben lang mit uns herumtragen.

Sie sollten sich vor Augen halten, daß ein *Oak*-Kind sich weigern wird, seine Pflicht zu vernachlässigen, während ein *Clematis*-Kind sofort ja sagen wird (entweichen ist seine Devise); *Hornbeam* wird klare Symptome physischer und mentaler Müdigkeit zeigen und nicht leicht aufwachen, während *Elm* an einer schweren Last tragen und sich nicht auf der Höhe fühlen wird. *Mimolus* wird fürchten, entdeckt zu werden, während *Pine* große Schuldgefühle haben wird. Sehen Sie, wie einfach die Bach-Methode ist? Man geht von einer Situation aus und betrachtet sie unter verschiedenen Sichtwinkeln, je nach Wesensart und Reaktion. Wenn Sie erst mit der Methode vertraut sind, wird alles fließend gehen: Sie brauchen nur objektiv zu bewerten.

Aber wovon waren wir ausgegangen? Ach ja, Rechte und Bedürfnisse – dieselben, die Sie auch haben und nicht zu berücksichtigen wagen, sind auch die Rechte und Bedürfnisse Ihrer Kinder.

Sie werden sehen: Wenn Sie Ihr Bedürfnis nach Bestätigung, Selbstachtung, Ruhe, Lachen, Zärtlichkeit, Liebe und Anteilnahme, Freundschaft, Gesellschaft, Zusammenarbeit und allem, was Ihnen Schönes in den Sinn kommt, befriedigt haben, werden auch Ihre Kinder oder Schüler das Positive mit tiefen Zügen in sich aufnehmen und auf wunderbare Weise gesund, schön, gut, in Frieden mit sich selbst und mit dem Leben sein.

Das ist eine klare Aufforderung an Sie, ebenfalls zu den Blütenmitteln Dr. Bachs zu greifen, die echtes Wohlbefinden schenken. Aber Vorsicht! Daß es einem gut geht, daran kann man sich gewöhnen, und das schafft Anhänglichkeit: Wenn man sich einmal wohl fühlt, ist es schwierig, umzukehren und die Krankheit zu akzeptieren.

Welche Blüten für welche Gelegenheit – ein kleiner Überblick

Schule

- Wenn du Prüfungen hast, lautet das Bach-Rezept: *Gentian, Larch, Clematis, Chestnut Bud, Elm,* und wenn du ein bißchen Angst hast, gib noch *Mimolus* hinzu; wenn du aber Panik hast, füge *Rock Rose* bei.
- Bei Schwierigkeiten mit dem Lernen: *Clematis* und *Chestnut Bud.*
- Wenn du immer meinst, einen Fehler gemacht zu haben: *Cerato.*
- Kannst du dich nicht zwischen zwei Dingen entscheiden: *Scleranthus.*

- Wenn du dich nicht weißt, was du nach der Mittleren Reife machen sollst: *Wild Oat, Cerato, Scleranthus.*
- Du arbeitest zuviel und hast zu viele Verpflichtungen: *Elm, Oak.*
- Wenn du die Schule wechseln mußt: *Walnut* und *Honeysuckle.*

Beziehungen zu anderen

- Du bemühst dich, immer da zu sein, als netter Kerl dazustehen, und hast das Bedürfnis, dich akzeptiert zu fühlen, aber dann schläfst du womöglich schlecht, kaust an den Fingernägeln oder futterst ständig irgend etwas in dich hinein; im Grunde willst du dein Unbehagen nicht zeigen. Wenn es so ist, nimm *Agrimony.*
- Du bist immer ein Mitläufer, mußt immer ja sagen, hängst nur von den Entscheidungen anderer ab. Außerdem bemühst du dich, brauchst Lob und nimmst es dir zu Herzen, wenn man dir Vorwürfe macht. In diesem Fall brauchst du *Centaury.*
- Sprechen wir es ruhig aus, du bist eifersüchtig auf deine Schwester, aber schau, das waren wir alle: das ist menschlich. Um die Wut in dir zu besiegen, nimm *Holly.*
- Bist du der Chef? Sagen wir lieber, du bist ein kleiner Tyrann, und alle müssen deine Befehle ausführen, aber es ist nicht schön, so zu leben: nimm *Vine.*
- Du gibst viel, verlangst aber ewige Dankbarkeit als Gegenleistung. Im Grunde bist du besitzergreifend gegenüber deinen Freundinnen. Du willst ein bißchen Herrin der Lage sein und fühlst dich verletzt, wenn dir nicht entsprochen wird. In diesem Fall nimm *Chicory.*
- Du mußt immer den anderen folgen – und deine Ideen? Warum ahmst du immer jemanden nach oder kaufst die gleichen Sachen wie dein Freund? Warum hast du kein Selbstvertrauen? Du bist an Vorbilder gebunden, aber

wenn du einmalig sein willst (und in deinem Innern bist du das schon), kannst du dir von *Cerato* helfen lassen. Diese Pflanze kommt aus Tibet und trägt große Weisheit in sich.

- Weißt du, warum alle dich meiden, obwohl du Gesellschaft suchst? Weil immer nur du redest, weil du immer nur von dir sprichst, den anderen keinen Raum läßt ... Ja, wir wissen doch, daß du im Grunde nur Aufmerksamkeit und Zärtlichkeit brauchst, aber das ist nicht der richtige Weg. *Heather* wird dir helfen, der wirkliche gute Freund zu werden, dessen nette Gesellschaft alle suchen.
- Die anderen halten es für Hochmut, aber das ist es wirklich nicht: du bist ein wenig verschlossen den anderen gegenüber, weil du deine Vorstellungen hast und dir klug vorkommst. Du zeigst deine Mißbilligung für die anderen nicht, aber du isolierst dich, fühlst dich allein – und ehe du um Hilfe bittest, beißt du dir lieber die Zunge ab. *Water Violet* wird dir eine große Hilfe sein.
- Du ziehst weite Pullis an, damit man deinen Busen nicht sieht, du duschst dreimal am Tag, weil du ein Reinlichkeitsfanatiker bist, du willst alles schön sauber und ordentlich haben, und wenn du einen Pickel kriegst, empfindest du das als Tragödie. *Crab Apple* ist die geeignete Blüte für dich.
- Du bist ungeduldig, machst alles in Eile, und die anderen können nicht mit dir Schritt halten. Du meidest sie, aber ab und zu haust du dir den Kopf an oder stößt dich. Du bist ein Vulkan, der dreitausend Dinge macht, du bist auch sehr fit – aber nicht alle sind so. *Impatiens* wird dir helfen, dich zu mäßigen.
- Sie sagen, du gehst ihnen auf die Nerven, weil du immer an allem herumzumeckern hast, du kritisierst, suchst die Fehler der anderen und weist sie gerne darauf hin. Es scheint, als wüßtest nur du, was gut oder schlecht ist – und wer will dich dann? Mit *Beech* wirst du deine Intoleranz in die Fähigkeit umwandeln, den anderen Ratschläge zu geben.

Familie

- Du verstehst dich nicht mit deiner Mutter, fühlst dich zur Zeit ausgeschlossen, machst dir deswegen Schuldgefühle und glaubst, nur eine Last zu sein: nimm *Pine.* Mit großer Wahrscheinlichkeit hat deine Mutter nichts gegen dich, sondern braucht selbst Hilfe.
- Immer hörst du: »Laß mich das machen, sonst stellst du Gott weiß was an«, oder man gibt dir nie eine verantwortungsvolle Aufgabe, so daß du nie etwas Neues auszuprobieren wagst ... Dir fehlt Selbstvertrauen, *Larch* ist die richtige Blüte für dich.
- Du hattest großen Kummer und bist jetzt sehr traurig. *Gentian* wird dir helfen, die schwierige Zeit zu überstehen.
- Du würdest alles tun, um immer im Mittelpunkt zu stehen. Du willst, daß man dir zuhört, und redest immer zuviel, oder vielleicht ißt du zuviel, weil du eine Leere in dir spürst, die du füllen möchtest, oder du wirst oft krank, damit man dich verwöhnt. Verlang vorher die Zärtlichkeiten und laß dir *Heather* geben.
- Du übertreibst ein bißchen und engagierst dich total für manche Dinge, weil du willst, daß alle dir folgen. Auch in deinen Bewegungen bist du hektisch und würdest das Schlafen ausfallen lassen, um noch mehr erledigen zu können. *Vervain* ist deine Blüte.
- Du ißt nichts, du verblödest vor dem Fernseher, bist immer gelangweilt, und wenn man dich fragt, warum, dann weißt du es selbst nicht. Nimm *Wild Rose.*
- Du hast einen schrecklichen Schock erlitten, *Star of Bethlehem* wird dir helfen.
- Oft heißt es: »Wo bist du nur mit deinen Gedanken?« – in den Wolken, in deinem wunderbaren Reich der Fantasie. Das ist sicher schön, aber du findest den Ausgang nicht mehr, vergißt deine Aufgaben, verwechselst den Tag, an dem Schwimmunterricht sein sollte, läßt den Wasserhahn

offen. Damit du mit den Füßen auf dem Boden bleibst, gibt es *Clematis.*

- Du bist schüchtern, wirst rot, kannst keine penetranten Geräusche oder Gerüche ertragen, du bist auch ziemlich ängstlich und wirst häufig krank, wenn dir eine »Prüfung« bevorsteht: deine Blüte ist *Mimolus.*

Alles Mögliche

- Du hast Angst vorm Dunkeln, liest aber Horrorgeschichten und wunderst dich dann, wenn du schlecht träumst oder Bauchschmerzen bekommst. Du bist sehr sensibel und fühlst dich ein bißchen wie ein zitterndes Blatt im Wind: nimm *Aspen.*
- Du bist nie zufrieden und weißt nicht, was du willst: nimm *Wild Oat.*
- Du würdest dich nie von deinem Teddy trennen, auch wenn du schon Schuhgröße 41 hast. Du denkst immer daran, wie schön es in der Grundschule war, du bist ein Peter Pan, der nicht erwachsen werden will: *Honeysuckle* wird dir dabei helfen.
- Du fühlst dich als »Guru«, möchtest die Welt durch dein Beispiel verändern und logischerweise gelingt dir das nicht ... Du bist sehr steif: nimm *Rock Water.*
- In deinem Alter nennen sie dich schon »alte Jungfer« ... Das liegt an deinem Pessimismus, deiner Art, alles grau in grau zu sehen. Wenn du willst, daß alles himmelblau werden soll, wie bei Dorothy im *Zauberer von Oz,* nimm *Willow,* und du wirst erkennen, wie schön du bist und was in dir steckt.
- Verzweifle nicht. Es stimmt nicht, daß du keine Hoffnung mehr hast, weil du in dir alle Möglichkeiten birgst, und *Gorse* oder *Sweet Chestnut* werden dir zeigen, daß du nicht verlassen und auch nicht vom Unglück verfolgt bist.

- Du machst immer denselben Fehler, du gehst den anderen auf die Nerven, weil du immer denselben Witz erzählst, sie haben dir schon tausendmal gezeigt, wie der Videorecorder funktioniert, aber es scheint, als ob du es einfach nicht kapierst und du es nie lernen wirst. Nimm *Chestnut Bud.*
- Du bist nervös, aufgeregt und weißt nicht, warum. Es gibt viele Blüten, die dir helfen könnten: *Agrimony, Impatiens, Vervain, Holly, Aspen, Red Chestnut, Cherry Plum.*

Diagnose und Therapie

Was habe ich nur?	Was kann ich nehmen?
Ich suche Freunde, tue so, als wäre ich froh, aber dann kaue ich Fingernägel oder nasche heimlich ... Vielleicht fühle ich mich nicht akzeptiert, also spiele ich ein wenig den Clown.	AGRIMONY
Ich habe seltsame Ängste – nachts, vor der Dunkelheit, vor dem Tod. Ich kann nur schwer einschlafen, habe manchmal Alpträume, bin verängstigt und weiß nicht warum ...	ASPEN
Die anderen sagen, ich sei ein Spielverderber. Ja, ich kritisiere gern, aber ich gebe mir Mühe und möchte, daß auch die anderen so sind wie ich ... Es stimmt, ich bin nicht tolerant, ich sehe immer die Fehler ... anderer. Und so werde ich gemieden!	BEECH
Ich komme mir vor wie Aschenputtel! Ich kann nie nein sagen und mache letztlich immer das, was die anderen entscheiden. Manchmal lade ich mir zusätzliche Aufgaben auf ...	CENTAURY

Was habe ich nur?	Was kann ich nehmen?
Ich frage immer andere um Rat, kann nichts allein entscheiden, habe kein Selbstvertrauen. Ich will immer mit der Mode gehen, das haben, was »alle« haben, auch wenn es mir nichts bedeutet ... Manchmal ahme ich meine Freundinnen nach, wie sie reden oder sich anziehen.	CERATO
Ich gebe es nicht zu, aber manchmal habe ich furchtbare Gedanken: Ich komme mir vor wie auf einer Bombe, die jeden Augenblick explodieren kann! Ich versuche mich unter Kontrolle zu halten, aber manchmal raste ich aus und möchte alle »umbringen«. Ich habe entsetzliche Angst!	CHERRY PLUM
Die Schule fällt mir so schwer ... Ich mache immer dieselben Fehler. Ich lerne und lerne, und doch bleibt nichts hängen, ich kapiere nichts, bin langsam, und wenn ich darüber nachdenke, ist es auch sonst so ... Ich stolpere immer über denselben Stein, kaufe immer Sachen, die ich dann nicht anziehe ...	CHESTNUT BUD
Ich bin verrückt nach kleinen Kindern. Als ich noch klein war, wollte ich immer die Lehrerin sein, übrigens kann ich viel geben – selbstverständlich erwarte ich Dankbarkeit dafür. Ich bin eifersüchtig auf meine Freundin, wenn sie »meine Freundin« ist, dann muß sie mir doch recht geben, oder?	CHICORY
»Wo bist du nur mit deinen Gedanken?« werde ich oft gefragt. Es stimmt, ich schwebe ein bißchen in den Wolken, ich bin zer-	CLEMATIS

Was habe ich nur?	Was kann ich nehmen?
streut, verliere alles, vergesse alles ... Ich träume, male und fantasiere gern, aber dann komme ich zu spät in die Schule und habe die falschen Bücher dabei!	
Ich wasche mich ganz oft, ich habe einen Horror vor Mikroben, ich hasse schlechte Gerüche, gehe niemals in der Schule aufs Klo! Ich ordne alles genauestens, meine Kleider sind supersauber und mein Körper bereitet mir ein bißchen Unbehagen! Ich ziehe Klamotten an, in denen man meine Figur nicht sieht, und werde ich mich nicht ekeln, wenn ich »eine Frau« geworden bin?	CRAB APPLE
Ich weiß nicht, warum – aber ich schaffe es nicht mehr! Donnerstags Tanzen, montags und samstags Schwimmen, dazu die Hausaufgaben, und dann wollte ich auch noch die Leiterin der Theatergruppe sein. Wie soll ich nur die Prüfungen bestehen? Hilfe!	ELM
Ich bin traurig, mutlos. So viel geht mir schief, ich bin so enttäuscht! Mein Kätzchen ist krank, in der Schule habe ich schlechte Noten ... Ich kann einfach nicht glücklich sein! Ich kann nichts dafür ...	GENTIAN
Ich habe keine Hoffnung! Seht ihr denn nicht, was mit mir los ist? Ich kann nur verzweifelt sein, etwas anderes gibt es für mich nicht, es ist vorbei!	GORSE
Sie sagen, ich rede zuviel von mir. Warum gehen mir nur alle aus dem Weg, sobald ich auftauche? Natürlich will ich im Mittel-	HEATHER

Was habe ich nur?	Was kann ich nehmen?
punkt stehen ... Ich will, daß man mich versteht und liebt, und wenn sie es nicht tun, bin ich unglücklich!	
Ich bin wütend, so wütend! Ihr mögt meinen Bruder lieber als mich ... Ich beneide meine Freundinnen, die mehr Glück haben ... Ich bin mit allen böse!	HOLLY
Ich mag nicht von zu Hause weggehen und habe so ein Heimweh nach meiner alten Schule! Ich will nicht groß werden und will nicht ohne meine Mama ans Meer fahren.	HONEYSUCKLE
Mein Kopf ist so schwer! Vielleicht habe ich zuviel ferngesehen oder die Kopfhörer auf volle Lautstärke gestellt. Manchmal stehe ich morgens auf und sage mir: Wie soll ich das alles schaffen?	HORNBEAM
Es nervt mich, wie langsam meine Freunde sind, man kann nichts mit ihnen anfangen! Ich bin sehr schnell, mache tausend Dinge, eins nach dem anderen ... Ja, manchmal falle ich hin oder stoße mich, komme mir ein bißchen flüchtig vor, aber ich bin schnell.	IMPATIENS
Ich brauche es gar nicht erst zu versuchen, ich kann es ja doch nicht! Ich bin nicht wie die anderen, ich weiß schon vorher, daß ich es nicht schaffe. Ich schaffe es nie, warum sollte ich es dann noch einmal probieren? Bestimmt werde ich morgen beim Aufsatz das Thema verfehlen ...	LARCH

Was habe ich nur?	Was kann ich nehmen?
Ich bin schüchtern, schäme mich ein bißchen und werde manchmal rot. Ich rede wenig. Ich fürchte mich vor Katzen, vorm Aufzugfahren ... Ich weiß nicht, warum ich so traurig bin ... Ich weiß nicht, was ihr von mir wollt! Ich fühle mich wie in einer schwarzen Wolke, ich weine und kann nicht reagieren. Uff!	MUSTARD
Ich bin müde, aber die Pflicht ist heilig, ich muß alles gut machen, auch wenn ich mich nicht ausruhen kann. Ja, es stimmt, ich tue auch was für andere, aber jemand muß es doch tun, und ich bin ja stark ...	OAK
Ich bin erschöpft, energielos, ich war krank und habe eine schlimme Zeit hinter mir. Ich muß wieder auftanken.	OLIVE
Ich fühle mich unterlegen, fehl am Platz, ich verdiene nicht, was die anderen haben. Ich entschuldige mich immer für alles, habe den Eindruck, lästig zu sein – und gebe mir an allem die Schuld.	PINE
Warum kommt Papa so spät? Es wird ihm doch nichts passiert sein, Mama? Ihr werdet mich nie allein lassen, nicht wahr? Du mußt eine Blutuntersuchung machen lassen ... Bist du etwa schwer krank?	RED CHESTNUT
Panik! Morgen muß ich zum Zahnarzt! O Schreck, die Prüfungen stehen vor der Tür! Ich habe etwas Schreckliches gesehen, ich bin erschüttert ...	ROCK ROSE

Was habe ich nur?	Was kann ich nehmen?
Ich verstehe nicht, wie sich manche Leute so benehmen können. Es gibt eiserne Regeln, die befolgt werden müssen, auch beim Essen. Wenn alle so wären wie ich, würde die Welt anders aussehen. Ich gebe ein Beispiel, ich kann vieles opfern!	ROCK WATER
Ich kann mich nie entscheiden, weiß nie, was richtig ist. Meine Stimmung schwankt ständig, entweder lache ich oder weine ...	SCLERANTHUS
So ein Schreck! Ich bin noch ganz erschüttert! Ich war noch klein, als ich ein traumatisches Erlebnis hatte, aber es kommt mir vor, als wäre es gerade erst gestern gewesen ...	STAR OF BETHLEHEM
Angst und Verzweiflung. Alle haben mich verlassen. Ich falle in ein schwarzes Loch. Was soll ich nur tun?	SWEET CHESTNUT
Ich habe so viele schöne Interessen, ich mache viel und glaube daran ... Ich will meine Freunde mitziehen, aber es gelingt mir nicht ...	VERVAIN
Ich bin eine Führerpersönlichkeit – und alle müssen machen, was ich sage. Ich kann bestimmen, was die Leute tun sollen, und wenn nötig, kann ich auch – streng sein!	VINE
Ich ziehe gerade um und werde auch die Schule wechseln. Ich werde erwachsen. Wie schwierig sind all diese Veränderungen!	WALNUT

Was habe ich nur?	Was kann ich nehmen?
Warum sollte ich mich mit denen abgeben? Sie sind so wenig wert im Vergleich zu mir! Sie sagen, ich sei stolz – aber wenn ihr mich immer um Rat fragt! Ich bin freundlich, höre euch an, aber ich frage nie – das bringt mir nichts ... Mir ist es lieber so ...	WATER VIOLET
Mir scheint, mein Kopf ist immer »voll«, ich entspanne mich nicht, ich habe so etwas wie fixe Ideen. Nicht, daß ich sie rufen würde ... Sie kommen einfach.	WHITE CHESTNUT
Was soll ich nach der Mittleren Reife machen? Himmel, wer weiß das schon? Ja, ich kann vieles ... Aber ich weiß nicht, was ich tun soll. Es ist nicht so, daß es nichts gäbe, was mich befriedigt, ich bin nur unsicher.	WILD OAT
Wie langweilig! Was soll ich auch tun? Ich sehe fern, schlafe, aber ich habe keine Lust, irgendwas zu tun. Was auch? Ich bin müde, immer dasselbe! Tja, was soll man dagegen tun? Nichts!	WILD ROSE
Immer passiert mir ein Mißgeschick, ich bin vom Pech verfolgt ... Schau, wie sie sich amüsieren, aber sie werden schon sehen, ich wäre wirklich zufrieden, wenn es ihnen einmal so ginge wie mir ... Ich Arme, keiner versteht mich ...!	WILLOW

Einige Fallgeschichten

A. ist ein sehr intelligentes, sensibles Kind, lebt aber in schwierigen familiären Verhältnissen. Der Grund, warum er sich der Therapie unterzieht, liegt in schulischen Problemen. Vor allem ist er zerstreut. Sein Sternzeichen ist Krebs, er ist also emotional und fantasievoll, sagt, er »suche« die Antworten »woanders«, und dies bringt mich auf den Gedanken, daß neben *Clematis* (weil er in den Wolken schwebt und zerstreut ist) und *Chestnut Bud* (für die Konzentration) *Aspen* angezeigt ist, weil ich den Eindruck eines äußerst sensiblen und, wie man zu sagen pflegt, »dünnhäutigen« Kindes habe.

Ich lasse ihn die Blütenmittel selbst wählen, indem ich ihn auffordere, die Fläschchen zu nehmen, die ihm gefallen: er nimmt als erstes *Clematis* und *Aspen,* dann *Rescue*. Ich frage ihn, ob er gut schläft, und er antwortet, daß er Alpträume habe, sein Schlaf ist voller Angst und Monster, die er »spürt«.

Wir verordnen *Rescue,* und da darin schon *Clematis* enthalten ist, fügen wir *Aspen* und *Larch* anstatt *Chestnut Bud* hinzu, weil wir mehr an seinem Selbstvertrauen arbeiten müssen. Im Grunde lernt er, er ist nicht langweilig und wiederholt auch nicht alles ständig.

A. ist zufrieden, daß er sieht, wie die Blütenmittel zubereitet werden, und fragt mich, ob sie Zauberkräfte haben: »Gewiß, du hast es genau erfaßt. Und da hast du auch einen Zauberstein, leg ihn neben dein Bett, und dann erzähl mir, was geschieht.«

Rescue wirkt auch sehr gut bei Traumata aus der Vergangenheit, weil es *Star of Bethlehem* enthält. *Rock Rose* hilft gegen Alpträume, und *Impatiens* beruhigt, denn A. ist ungeduldig.

In circa zwei Monaten hat A. seine Schlafprobleme gelöst, und daraus ergeben sich auch mehr Selbstvertrauen und bessere Leistungen in der Schule. Bravo, A.!

M. ist ein blasses Mädchen, sehr groß, schüchtern, mit großen Fähigkeiten. Zur Zeit hat sie Probleme mit dem Appetit, am liebsten würde sie sich gar nicht an den Tisch setzen. Noch dazu bekommt sie Schnitzel und Gemüse vorgesetzt, »weil sie so blaß ist«!

Als ich die Situation analysiere, entdecke ich, daß sie mit Sicherheit ein *Clematis*-Typ ist: sie redet immer von dem, was später sein wird ... Häufig läßt sie ihrer Fantasie freien Lauf, und ihre Zeichnungen sind wirklich die einer Künstlerin.

Das Mädchen erscheint mir jedoch gelangweilt, passiv, vielleicht hat sie sich mit dieser wenig interessanten Situation abgefunden und will sich von der Welt isolieren, indem sie die Mahlzeiten flieht. Ich entdecke, daß dahinter die kürzlich erfolgte Trennung der Eltern steht, die sehr plötzlich kam.

Um keine Probleme zu machen, hat M. diese Zeit erlebt, indem sie alles in sich hineinfraß; ich verordne also *Star of Bethlehem* und *Olive* über einen Zeitraum von zwei Wochen, damit sie ihr überbeanspruchtes Energiesystem wieder aufladen kann. Bei der nächsten Sitzung stelle ich fest, daß ihre Stimme schon nicht mehr so matt klingt und ihre Augen lebhafter blicken, ich verordne *Clematis* und *Wild Rose*, damit sie das Interesse am Leben wiederfindet, und halte ihrer Mutter eine schöne Vorlesung über das Essen: »Bitte keine Schnitzel mit Gemüse mehr. M. braucht etwas Neues. Bereiten Sie ihr immer etwas anderes zu, und machen Sie sich keine Sorgen wegen Mangelerscheinungen. Lassen Sie sich helfen, Ihre Tochter ist künstlerisch sehr begabt, betrauen Sie sie mit dem Dekorieren und Servieren der Speisen. Apropos, kaufen Sie ihr einen schönen Malkasten und ein paar Pinsel, und machen Sie sich nicht so viele Sorgen ... Wenn Sie wollen, habe ich auch ein paar Blüten für Sie.«

Die Mutter ist für meine Worte empfänglich, sie ist sich sehr wohl bewußt, daß die Erfahrung der Trennung beide erschüttert hat. Sie läßt sich überzeugen, daß auch sie wieder ein gutes Gleichgewicht braucht, und so nehmen beide die Blütenmittel, betrachten sie aber mehr als Geschenk, denn als Arznei für eine Krankheit. M. beginnt wieder mit Appetit zu essen, während ihre Mutter, trotz der damit verbundenen Mühen, sich darauf besinnt, daß sie schon immer studieren wollte, aber es nie getan hat, und sich an einer Abendschule einschreibt. In dieser Zeit paßt die Großmutter auf M. auf. Jetzt geht es beiden wirklich gut, mit ihrer Anerkennung, ihrem besseren Mutter-Tochter-Verhältnis, und sie scheinen zwei ganz andere Menschen zu sein.

R. hat große Probleme mit seiner Aggressivität. In der Schule wissen sie nicht mehr, was sie tun sollen, zumal seine familiären Verhältnisse äußerst schwierig sind und es daher nicht möglich ist, durch Gespräche und das Einschalten eines Psychologen R.s Eltern und somit auch ihm zu helfen.

Wir versuchen *Rescue* in seiner Umgebung zu verteilen, dort wo er ißt, auf der Liege, auf der er sich ausruhen soll (was er aber nie kann), auf seiner Kleidung und in seinen Schuhen.

All das könnte wie Hexerei erscheinen, aber so ist es nicht: Wir versuchen unser Möglichstes, um R. zu helfen. Nach ein paar Wochen gibt es eine kleine Besserung in seinem Verhalten; nichts Außergewöhnliches, aber er zeigt größere Bereitschaft, zuzuhören, und läßt sich ein wenig liebdrücken, auch wenn er sehr angespannt ist.

Im Frühling, als es einige Tage sehr stürmisch ist, hat R. einen heftigen Wutanfall. Er ist entschieden wetterfühlig, wie auch seine Bilder beweisen. Der Anfall wird wahrscheinlich durch Eifersucht auf einen Freund ausgelöst, welche einen Kampf-Mechanismus in Gang setzt, der uns zu verstehen gibt, daß R. nicht nur verstört ist, sondern auch eine Menge Wut in sich aufgestaut hat, die heraus muß. Wir beginnen, soviel *Holly* zu versprühen, wie wir können, und ihm Aufgaben zu übertragen, bei denen seine Aggressivität sich befreien kann. Als ersten Versuch beschließen wir, sie spielerisch in Kanäle zu leiten, indem wir Luftballons-platzen-Lassen spielen.

Geduldig pumpt die Erzieherin Luftballons auf, die R. und noch zwei Freunde platzen lassen. Die Geschwindigkeit und der Eifer, mit denen sie die Luftballons kaputt machen, ist rekordverdächtig: mit Händen und Füßen und wildem Geschrei.

Die zweite *Holly* unterstützende Aktivität ist eine kleine Schreinerwerkstatt: ihr Hauptzweck besteht darin, Nägel einzuschlagen. Unter dem wachsamen Auge der Lehrerin hämmert R. mit Hochdruck, aber nach ein paar Tagen und ein paar sehr befreienden Sätzen (»ich hau ... den Schädel ein«) sehen wir, daß die Arbeit mit einer gewissen Präzision und nicht mehr allein nur um des Zuschlagens willen ausgeführt wird. Etwas hat sich gelöst, und R. kommt ein bißchen besser mit selbst klar, soweit seine gegenwärtige Situation es gestattet ... Hoffen wir, daß möglichst rasch ein Engel kommt, kleiner R. Ich wünsche es dir von ganzem Herzen!

T. ist ein fröhlicher kleiner Junge, offenbar ohne größere Probleme. Er ist gerade von einer schönen Reise zurückgekehrt und sagt, er habe keine Angst vor Flugzeugen, würde aber nicht jetzt gleich wieder in eines steigen. Seit ein paar Tagen gibt er offen zu, Angst »vor fliegenden Dingen« zu haben, und zählt auf: »Bienen, Mücken, Vögel, aber nicht vor Flugzeugen, davor habe ich keine Angst, auch wenn ich morgen nicht gleich schon wieder hingehe.«

Seine Mutter steht den Blütenmitteln ablehnend gegenüber, daher können wir sie ihm nicht oral verabreichen, aber – wer könnte etwas dagegen haben, wenn wir sie in die Turnschuhe sprühen?

Ungefähr eine Woche lang geben wir *Mimolus* (nur zwei Tropfen) in T.s Schuhe. Einmal bemerkt er es und fragt uns nach dem Grund. Wir erklären ihm, daß es ein Duft ist, und er weist uns netterweise darauf hin, daß seine Füße nicht stinken. Da sagen wir ihm, daß dieser Duft Insekten fernhält, Fliegen, Mücken, usw. T. schaut uns an, und in seinen Augen können wir lesen, daß er verstanden hat. Ein paar Tage darauf füttert er die Tauben auf dem Schulhof, und sechs Monate später fliegt er (der Glückliche!) nach Kuba, um dort Weihnachten zu verbringen. Nach seiner Rückkehr erzählt er uns, wie schön es ist, über den Wolken zu fliegen. Natürlich ist es schön, kleiner T., und zwar dank *Mimolus*!

P. ist zwölf Jahre alt und hat große psychische Probleme. Seit Jahren wird er therapeutisch behandelt, auch wenn meiner Meinung nach die ganze Familie das nötig hätte. Jedenfalls wendet man sich zwecks Unterstützung der Therapie an mich, weil man Psychopharmaka vermeiden will.

P.s Verhalten läßt mich sofort an *Cherry Plum* denken. Auf meinem Arbeitstisch herrscht ein herrliches Durcheinander: Stifte in allen Farben und Größen, buntes Papier in Herz- oder Blumenform, über das meine kleinen Patienten im allgemeinen in Begeisterung geraten, auch weil sie alles anfassen, versuchen, fragen dürfen, all die Steinchen, Zettel, Aufkleber und den verschiedenen Krimskrams zusammenklauben dürfen.

P. kommt herein und beginnt sofort, alle Blättchen ordentlich in eine Reihe zu legen, um dann die Buntstifte nach Farbe und Größe nebeneinander zu legen. Ich sage nichts, und mir fällt auf, daß er, während er das tut, rhythmisch auf seinem Stuhl hin und her schaukelt und beim »Zurückkommen« mit seinem Kopf an die Rückenlehne schlägt: *Cherry Plum*, da besteht kein Zweifel.

Sein Jogginganzug ist ein einziges Flickwerk, und seine Mutter sagt, sie müsse ständig neue kaufen, aber jedes Mal arbeitet P. fleißig stundenlang, bis er ein Loch hineingebohrt hat. Wovor will er fliehen? Ich beschränke mich darauf, das Blütenmittel zu verordnen und ein paar Zeilen an seinen Therapeuten zu schreiben.

Wir hätten sehr gute Ergebnisse erzielen können, denn schon einen Monat später näßte P. nicht mehr ins Bett – und das ist schon was. Aber manche Mütter erwarten sofortige Wunder, und leider kann ich das noch nicht: die Blütentherapie wurde abgebrochen, weil die Mutter sie als unwirksam befand.

Auch die Mißerfolge (wenn man diesen Fall so nennen kann) werden in Rechnung gezogen. Dies war eine große Gelegenheit für P., sein so zerbrechliches Nervensystem beruhigen zu können. Schade, noch ein paar neue Jogginganzüge, und vielleicht hätten wir es geschafft!

Anhang

Vier Briefe von Kindern

In diesen vier Briefen habe ich versucht, mich in typische kindliche Situationen hineinzuversetzen. Das fiel mir nicht schwer, da in mir immer noch ein Kind lebt. Ich hoffe, Sie können verstehen, was diese Kinder Ihnen zu sagen haben.

Brief an meine Lehrerin

Liebe Lilly,
zuerst einmal gefällt es mir, daß ich Dich hier mit Deinem Vornamen anreden darf, der so schön ist, und nicht Frau ... sagen muß. Dann wollte ich Dir sagen, daß Du wunderschön bist mit Deinen Ohrringen, die mit den Sternen und mit den Herzen gefallen mir am besten. Und auch, wenn Du diese Bluse mit den bunten Eisenbahnen anhast und den gelben Rock, der so schön schwingt. Weißt Du, letztes Jahr, in der anderen Schule, hatte ich eine Lehrerin, der mußten wir immer »Guten Tag« sagen, und die war immer so dunkel angezogen. Meine Mutter meinte zwar, ihre Jacke sei elegant, aber mir kam sie vor wie eine Nonne, weil sie immer so trist angezogen war. Sie lachte nie mit uns, sagte, wir müßten so viele Karteikarten lernen, damit wir klug würden, und wir machten das auch, auch wenn wir keine Lust mehr hat-

ten, und glaubst Du, sie hätte uns einmal gelobt? Sie machte dann immer so ein Gesicht, als würde sie Grießbrei essen müssen. Ich meine, sie hat uns gehaßt, und ich habe mich schon gefragt, ob wir bei ihr überhaupt was lernen werden, und mir gedacht: »Dann werde ich also nie klug?« Ich machte mir Sorgen, weißt Du, wir sind doch keine Kasperpuppen ... Ach, wie schön war das Theater gestern, in der alten Schule haben wir das nie gemacht, ich habe gemerkt, daß Du den Pinocchio gesprochen hast, das war vielleicht lustig!

Ich erzähle Dir, was ich eines Tages für eine tolle Idee gehabt habe, damit ich keine Tomaten mehr essen muß. Vor denen ekle ich mich richtig. Du weißt das und gibst mir keine, aber bei der Lehrerin mit der dunklen Jacke mußte ich sie trotzdem essen. Sie sagte: »Versuch es mit einem Stückchen Brot«, ich versuchte es und bekam sie gerade so runter. Beinahe mußte ich mich übergeben. Das Brot schmeckte nach Brot, aber die Tomate schmeckte immer noch nach Tomate ... Manchmal mußte ich würgen, manchmal begann ich zu weinen. Sie sagte: »Tomaten sind so gut!« Dann soll sie sie doch essen, ich gebe ihr meine noch dazu, wenn sie will.

Jedenfalls ist mir ein Trick eingefallen. Am Abend vorher hat Annabella uns besucht, Mamas Freundin, die immer so komische Sachen macht, aber sie hat uns tolle Pfeifen aus – jetzt fällt es mir nicht mehr ein – mitgebracht. Während ich darauf spielte, hörte ich, wie sie von einer Diät (Frauen machen immer Diät, warum eigentlich?) mit einem komischen Namen sprach, markotisch oder mikrobisch oder so, und sagte, daß man dann keine Auberginen, Kartoffeln und Tomaten essen »darf«.

Sofort ging in meinem Kopf ein Licht an, wie bei Archimedes Pythagoras, und am nächsten Tag sagte ich ernst und triumphierend zu meiner Lehrerin: »Ich bin auf mikrobische Diät gesetzt, ich darf keine Tomaten und keine Auberginen essen« (von den Kartoffeln habe ich nichts gesagt. Die schmecken mir so gut, aber wenn sie sich ausgekannt hätte, hätte ich auch die Kartoffeln weggelassen und sie bei meiner Oma gegessen, die so tolle Wellenpommes macht). Ich glaubte schon, ich hätte gewonnen, und weißt Du, was sie da zu mir gesagt hat? Mit zusammengepreßten Lippen, so wie es immer die böse Stiefmutter von Schneewittchen macht, sagte sie: »Gut, dann gehen wir zu der Ärztin in die Krankenstation, du sagst es ihr, und vielleicht hat sie ja eine schöne Spritze für dich, damit dir diese Mikroben vergehen.« Ich habe mich dann allein durchgemogelt und gehofft, daß die Tomatensaison so schnell wie möglich vorbeigeht oder daß sie sie irgendwohin schicken würden, wo die Menschen keine Tomaten haben ... An diesem Tag war eine »dunkle, stürmische Nacht«, wie Snoopy sagen würde, die Tomaten wurden gebracht, rot und mit schrecklich viel Essig ... ich hatte keine Hoffnung mehr!

Und doch ist es nicht gerecht, weil sie nämlich keine Regenwürmer mochte, und mein Freund ihr eines Tages, als wir im Garten waren, einen brachte, damit sie sich ihn ansieht, und sie zu schreien begann. Als ich zu ihr sagte. »Versuchen Sie, ihn in die Hand zu nehmen, vielleicht mit einem Stückchen Brot«, hat sie mich zur Strafe ins Direktorat geschleppt, als hätte ich eine Scheibe eingeschlagen, schließlich wollte ich ihn ihr ja nur zum Ansehen geben, nicht zum Essen. Du dagegen hast uns gestern sogar einen Frosch gebracht, ich sage: einen Frosch, den wir uns alle genau betrachtet haben und dann wieder in dem Graben bei der Schule freigelassen haben. Wie stark Du bist, und dann hast Du uns auch eine Malaufgabe gegeben, aber die wurde so schön, voller grüner Frösche, daß ich Dir, als wir sie aufgehängt haben, am liebsten einen Kuß gegeben hätte. Und dann riechst Du auch so gut. Und als ich ein Bonbon gegessen habe, hast Du nur ein bißchen geschimpft, bist aber nicht wütend geworden, Du hast gelacht und damit Schluß.

Manchmal schreist Du mit uns herum, wenn wir verrückt

spielen und nie die Spielsachen aufräumen, und dann sagst Du »ihr werdet ja sehen, was passiert«, aber weil deine Augen lachen (Dein Lidschatten gefällt mir, der grüne), wissen wir, daß uns nichts passieren wird, aber daß es Zeit ist, sich zu bewegen. Weißt Du, die mit den schmalen Lippen und schmalen Augen hat fast nie mit uns herumgeschrien, aber ich hatte Angst vor ihrem Gesicht, ihre Augen schossen Pfeile ab, und mir kam es vor, als träfen sie immer mich ... Niemals ließ sie Eduardo etwas Verhaßtes tun. Ich dachte sogar schon, daß sie ihn vorzog, weil er diesen Namen hat, dem vielleicht ein Zauber innewohnt, damit keiner mit einem herumschreit. Ich heiße dagegen Luca, wir sind drei Lucas in der Klasse, und vielleicht ist das ein Name, den man besser schreien kann.

Manchmal bist auch Du traurig ... Vielleicht hast Du einen Strafzettel gekriegt. Wenn Mama einen kriegt, ist sie richtig verzweifelt, weil Papa dann zu ihr sagt:»Du bist aber wirklich dumm«, und sie sagt, daß der Polizist sich geirrt hat. Aber wenn Du traurig bist und mir das sagst, schau, dann bin ich lieb zu Dir, und wenn Du willst, räume ich für Dich die Puppenecke auf, Du weißt ja, daß ich das nicht gern mache, aber damit Du Dich freust, mache ich es, weil auch Du so viele nette Dinge tust, und das merke ich, auch wenn ich noch klein bin. Du hast Sternchen für unsere Weihnachtsbriefe gekauft, hast uns zu dem Spaziergang mit dem Picknick mitgenommen, das war toll, und läßt uns so viele Farben mit den Pinseln benutzen, wie wir wollen, auch wenn Du dann stundenlang alles wieder saubermachen mußt. Ich hatte Glück, daß wir umgezogen sind und ich hierher zu Dir gekommen bin, in unserer Klasse gibt es so viele Spiele, Karten und Farben, aber wir gehen auch ganz oft in den Turnraum, um uns zu bewegen und schöne Sachen zu machen, bei denen wir eine Menge Spaß haben. Gestern habe ich einen Wolf gemacht, und wenn wir nicht alle durcheinanderschreien, hörst Du uns zu, und wir können Dir etwas von uns erzählen. Und wenn wir irgendeine Räuberpistole erfinden – tust Du so, als würdest Du nichts merken. Ich mag Dich sehr, Lilly,

Luca

Weißt du, warum ich wütend bin?

Lieber Brieffreund,
ich schreibe Dir, weil Du mich verstehst, weil ich mich unbedingt abreagieren muß, ich bin so wütend, furchtbar wütend, und sie? Sie machen mich immer wütender! Sie sagen: »Hör auf, du bist ungezogen«, und wenn ich das höre, könnte ich wie ein Löwe im Käfig brüllen. Gestern zum Beispiel war ich mit meinem Freund David im Park, wir spielten Schatzsuche im Gebüsch und hatten ihn fast entdeckt, da rief es: »Matteo, es ist spät, wir gehen!« »Mama, warte, wir finden gerade den Schatz!« Nichts zu machen, sie glaubt uns nicht und fängt an mit: »Schluß jetzt mit dem Unsinn, es ist spät und du bist schmutzig und du mußt duschen und noch Aufgaben machen und das Nachtessen und bla bla bla.« Aber der Schatz? Wie kann es sein, daß meine Mutter, die so schön und gut ist, nicht versteht, daß uns viel daran liegt, unser Unternehmen zu Ende zu führen? »Es ist sechs, jetzt ist Schluß, wir gehen.« »Aber Mama, und wenn wir den Schatz erst um zehn nach sechs finden?« Sie gibt mir einen Klaps auf den Po, und ich fange an zu schreien (was dachte sie denn, daß ich mich bedanke?). Ich sage Dir, was für eine Szene. Sie sagt, ich sei ungezogen, ich finde das ungerecht, ich finde, es war wichtiger, daß ich meinen Schatz verteidigt habe. Wissen Mütter und Väter denn nicht mehr, wie es war, als sie noch Kinder waren? Haben sie nicht auch Schatzsuche und Räuber und Gendarm gespielt?

Später dann, zu Hause, war ich furchtbar wütend, weil ich an den Schatz dachte und den Abzug, der mir nicht gefallen hatte. Sollte ich mir dann Seife in Augen und Ohren reiben lassen? Also habe ich geschrien und geschrien, wie ein Adler, auch wenn ich noch nie einen gehört habe, aber ich weiß, daß man so sagt. Ich spürte, daß mir das gut tat und die Wut aus meiner Kehle herauskam, so konnte ich wenigstens Frieden machen ... Aber nein, der Kampf ging weiter, ich mußte mir sagen lassen, daß ich ein Ferkel bin, das sich nicht waschen will, aber wer hat das gesagt, ich wollte mich nur waschen und dabei schreien. Je mehr sie mir sagte, ich soll aufhören, um so mehr wurde das Geschrei zur Sirene, was mir wieder Prügel einbringen würde, das wußte ich, aber ich konnte nichts dagegen tun, es war so und Schluß. Natürlich, wenn sie meinen kleinen Bruder badet, der ja noch so klein und zart ist und keine frechen Worte zu ihr sagt (aber ich werde sie ihm beibringen, damit du's weißt!), und er zu schreien anfängt, dann sagen alle, »ah, wie süß der Kleine meckert«, und er darf alles mit Wasser vollspritzen, aber wenn ich das tue, dann würgen sie mich gleich ab, so ist das. Ich weiß ja, daß er noch klein ist, aber was kann ich dazu, so groß bin ich auch noch nicht, warum darf er all das anstellen und ich nicht? Sie sagen, daß ich das auch getan habe, als ich noch klein war, und daß sie jetzt mit mir schimpfen, weil ich es verstehen kann ... Das mag sein, aber da sind noch so viele, viel zu viele Dinge, die ich nicht verstehe ... und dann werde ich wütend, ich werde wütend, und Schluß!

Lieber Brieffreund,
ich weiß, wir könnten bis ins Unendliche weitermachen! Man nennt es wütend sein, man nennt es eifersüchtig sein, und doch ist es die natürlichste Sache der Welt, auch wenn es nicht leicht zu erklären ist, so ist es doch leicht zu überwinden. Es gibt da eine Blüte, die heißt *Holly,* sag deiner Mutter, sie soll dir zwei Tropfen *Holly* in ein Fläschchen Wasser geben, davon nimmst du dann ab und zu vier Tropfen ...

Du wirst nicht mehr so wütend sein, und vielleicht, wenn der Winzling wieder alles naßspritzt, wirst auch du darüber lachen und dich erinnern: »Stimmt es, Mama, daß ich auch so rumgespritzt habe, als ich noch klein war?«

Ich habe Angst, ich weiß nicht; wie ich es dir sagen soll

Ich weiß, wenn ich ins Bett gehen soll, ist es jedes Mal eine Tragödie, aber ich kann nicht erklären, warum ... Es ist so dunkel, und ich habe Angst, daß plötzlich etwas oder jemand kommen könnte, ein Geist oder ein Einbrecher.

In mir spüre ich, wie alles zittert. Wenn ich allein da liege, muß ich daran denken, daß ich auch sterben könnte, dann fürchte ich mich vor bösen Träumen, ich will sie nicht, aber sie kommen, und egal ob ich schlafe oder wach bin, ich rege mich auf, schreie um Hilfe, ich sehe sie wirklich, diese Monster, ich sehe sie!

Ich weiß nie, ob ich die Tür auflassen oder schließen soll. Wenn sie offen ist, fühle ich mich euch näher, aber wenn sie geschlossen ist, können »sie« nicht herein, doch dann sage ich mir, daß sie überall hereinkommen können – durch die Fenster, aber auch meinen Kopf ... Das ist schlimm, furchtbar.

Ich möchte etwas, das mir schöne, ruhige Träume sichert, ich möchte die Hand von Mama oder Papa immer in der meinen haben. Ich weiß, daß mein Freund Valerio ins Bett geht und keine Geschichten macht, der Glückliche, er hat keine Angst, ich dagegen sehr viel, ich weiß nicht, warum, aber es ist so.

Im Fernsehen schaue ich mir gern Zeichentrickfilme mit Monstern an, aber nachts will ich die nicht, und die Schlange im Zoo hinter Glas machte mir gar nicht so große Angst, aber hier in meinem Zimmer ... Wenn sie nun kommt? Ihr sagt, sie kann nicht kommen, und auch ich versuche, mir das zu sagen, aber dann wird der Gedanke an die Schlange immer wirklicher. Ich sehe sie nicht, aber ich spüre die Gegenwart meiner Angst, was kann ich tun?

Laßt das Licht an, auch wenn später, wenn ich endlich eingeschlafen bin, manchmal ein Alptraum kommt und ich ganz verschwitzt und aufgeregt wieder aufwache. Manchmal weine ich und rufe nach euch ... Wenn ich sehe, daß ihr da seid, fühle ich mich beruhigt, aber am liebsten würde ich gar nicht mehr schlafen, es ist, als ob der Alptraum ein böser Geselle ist, der mich raubt und mir häßliche Dinge zeigt, die mich zu Tode erschrecken.

Antwort:
Hallo Kleiner, wir sind die Energien der drei Blüten, weißt du, es ist unser Geist, unsere Fantasie, die wie in einem Film das Drehbuch für unsere Träume macht. Gut, wir sind die Regisseure, die die Möglichkeiten deiner Fantasie umwandeln können. Wenn du diese Tropfen nimmst, wirst du auf dem Bildschirm der Nacht schöne, entspannende Bilder sehen und keine Horrorfilme mehr. Du wirst keine Angst mehr im Dunkeln haben, es wird genau wie im Kino sein, wenn das Licht ausgeht ... Dann beginnt das Schauspiel und – gute Nacht.

Aspen, Rock Rose, Mimolus

Brief eines behinderten Kindes an seine Mutter

Liebe Mama,
Ich weiß, es war nicht einfach ... Aber ich will Dir etwas erzählen, was du vielleicht nicht weißt.

Jede Seele weiß schon, bevor sie als Mensch auf die Welt

kommt, welcher Weg ihr bestimmt ist, und so wußte auch ich, daß ich geboren werden würde, um eine bestimmte Erfahrung zu machen. Wußtest Du das?

Es gibt mehr oder weniger entwickelte Seelen, aber jetzt denke nicht das, was am logischsten wäre ... Es ist wirklich nicht so. Die Entscheidung, geboren zu werden und ein, sagen wir, »schwieriges« Leben zu leben, ist hart und mühsam, aber auch eine Entscheidung der Liebe, die nur sehr sensible, erhabene Seelen sich erlauben können.

Kannst Du mir nicht folgen? Es ist nicht einfach zu verstehen, nicht alles ist einfach, aber glaub mir, es ist nicht die körperliche Erscheinung, die zählt ... Und Du weißt, daß meine Seele rein und wunderschön ist: das zählt, das hast Du sofort begriffen, als Du mich zum ersten Mal in die Arme nahmst ... Übrigens sucht sich jeder von uns seine Eltern aus, und ich habe Euch gesucht und gefunden, wie schön!

Ich mußte sicher sein, völlig akzeptiert und geliebt zu werden, ich mußte zwei so wundervolle Menschen finden ... Euch beide.

Ich hoffe, Du freust Dich, zu erfahren, daß Du eine höhere Aufgabe erfüllst, die nicht für alle da ist, die Dir vom Himmel anvertraut wird. Weißt Du, es gibt Mütter, Du nicht, das weiß ich, die diese Erfahrung schwer tragen, fast wie eine Strafe, und nicht wissen, daß es eine »Prämie« ist für ein Wesen, das alle Fähigkeiten und die Liebe besitzt, eine so heikle und manchmal auch mühsame Erfahrung durchzumachen, aber das so einmalige Momente schenken kann, daß man sie nicht beschreiben kann ... Aber Du und ich, wir kennen sie, nicht wahr, Mama? Man kann sie nicht mit Worten erklären, sondern nur mit Gefühlen – und den feinen Energien, die wir austauschen.

Mama, ich wünschte so sehr, daß Du dies allen Menschen mitteilen könntest, die nichts von dem Tanz unserer verschiedenen Existenzen wissen ... Aber im Moment ist das nicht wichtig, es genügt mir, es Dir mitgeteilt zu haben, obwohl Du es im Grunde schon wußtest ... Ich wollte Dir eine Bestätigung Deiner Intuition geben. Wir sind alle Lichtwesen, die ab und zu auf die Erde kommen, um eine »Seite der Lektion« zu lernen. Unsere beiden Lichter sind so ähnlich, daß sie sich erkannt haben, Du wurdest geboren, um auf mich zu warten, und ich bin gekommen, so wie es geschrieben stand: mit einer Feder mit goldener Tinte.

Ich umarme Dich, Mama, ich danke Dir, daß Du so bist, wie Du bist, und daß Du mir Deine ganze Liebe gibst. Mach Dir keine Sorgen, niemals, Du machst schon alles, habe nur Vertrauen, genauso wie ich Vertrauen in Dich habe, und fahren wir fort in unserem Tanz, mit unserer Musik, die die Engel nur für uns komponiert haben.

Ich liebe Dich, Du liebst mich – weil *Liebe* die Antwort auf alles ist.

Dein Kind

REGISTER

Störung	Gegebenheit / Ursache	Blütenmittel
Aceton	* bei Krisen, neben der ärztlichen Behandlung	*Aspen + Crab Apple*
Aggressivität	* Ärger, Wut, Eifersucht	*Holly*
	* Machthunger	*Vine*
	* Spannung, Zorn, Ausbruch	*Cherry Plum*
	* Kritik	*Beech*
Alpträume		*Rock Rose*
	* mit Schlafwandeln	*+ Aspen*
Ängste	* alle mit bekannter Ursache mit einer »Form«	*Mimolus*
	* vage und unbekannt	
	* ängstlich	*Aspen*
	* Entsetzen, Panik	*Rock Rose*
	* um andere	*Red Chestnut*
	* unter Kontrolle, manisch, unterdrückt	*Cherry Plum*
	* vor den anderen verborgen	*Agrimony*
Anmaßend	* dominant, Dikatator	*Vine*
	* hyperkritisch, streitlustig	*Beech*
	* mit Wut	*Holly*
	* aus Eile und wenig Achtung vor den anderen	*Impatiens*
	* kümmert sich um Angelegenheiten der anderen	*Chicory*
	* um seine Gedanken aufzuzwingen	*Vervain*

Störung	Gegebenheit / Ursache	Blütenmittel
Appetit	* wenig, kein Interesse am Essen	*Wild Rose oder Clematis*
	* Verweigerung wegen Kränkung	*Holly*
	* will Mittelpunkt sein	*Heather*
	* Druckmittel, Manipulation	*Chicory*
	* ißt viel, gierig, maßlos	*Vervain*
	* ißt heimlich, Sucht	*Agrimony*
	* viel und hastig, frenetisch	*Impatiens*
	* einfach so, da unzufrieden, passiv	*Heather*
Asthma	* allergisch bedingt, präventiv neben der Behandlung	*Mimolus + Walnut* *Gentian + Willow*
Behinderung	* um das Gefühl des Chronischen zu überwinden	*Gorse*
	* für mehr Selbstvertrauen	*Larch + Cerato*
	* für bessere Ergebnisse bei Rehabilitation und Lernen	*Chestnut Bud*
	* bei psychotischen Belastungen	*Elm + Cherry Plum*
	* bei Nervenkrisen	*Cherry Plum*
	* bei Angst, Zittern	*Aspen*
	* Trisomie 21 (Down-Syndrom)	*Chestnut Bud*
	* Autismus	*Chestnut Bud + Rock Water + Sweet Chestnut*
	* um Interesse zu wecken	*Wild Rose* *Wild Oat* *Clematis*
	* bei Obsessionen	*Cherry Plum* *Crab Apple*
	* bei Hypersensibilität	*Walnut* *Mimolus* *Centaury*
	* Hyperkinese	*Impatiens*
	* Spastiker	*Rock Water, Pine, White Chestnut, Beech*
Belegte Zunge	* Verdauungsstörungen	*Crab Apple + Elm + Chicory*
	* schlechte Ernährung	*Walnut + Agrimony + Crab Apple*

Störung	Gegebenheit / Ursache	Blütenmittel
Besitz-ergreifend	* mit Manipulation	*Chicory*
	* mit Wunsch	*Holly*
	* mit Vorherrschaft	*Vine*
Bettnässen	* Anspannung, tagsüber hält das Kind ein, nachts »läßt es los«	*Cherry Plum*
	* das Kind ist scheinbar fröhlich, lebt tatsächlich aber in Angst	*Agrimony*
	* Regression oder Trauma	*Star of Bethlehem*
	* neues Geschwisterchen	*Holly*
Bronchial-asthma	* neben der ärztlichen Behandlung, bei Anfällen, während man auf den Arzt wartet	*Rock Rose* + *Crab Apple* + *Centaury*
Egoismus	* es gibt nur ihn auf der Welt, behauptet er	*Heather*
	* weil es viel als Gegenleistung will	*Chicory*
	* fühlt sich vom Pech verfolgt, erwartet, daß alles zu ihm kommt, und gibt nicht	*Willow*
	* Machtstreben	*Vine*
	* Opfer des Egoismus anderer	*Centaury*
Eifersucht	* zum Ausdruck gebracht oder nicht	*Holly*
	* mit Besitzanspruch	*Chicory*
Ekel	* allgemein	*Scleranthus*
	* Verdauungsstörungen	*Crab Apple*
Empfindlich-keit		*Chicory*
Energie-losigkeit	* physische + psychische Erschöpfung	*Olive*
	* mangelndes Interesse	*Wild Rose*
Entschuldi-gung	*entschuldigt sich immer	*Pine*
	* entschuldigt sich nie	*Holly*
	* »muß« sich nie entschuldigen	*Willow*
	* hat nie unrecht	*Vine*
	* die anderen müssen sich entschuldigen	*Beech*
	* entschuldigt sich nicht, sondern kanzelt dich ab	*Water Violet*
	* irrt sich nie	*Rock Water*

Störung	Gegebenheit / Ursache	Blütenmittel
Erregung	* Angst, Furcht	*Aspen, Mimolus*
	* Enthusiasmus	*Vervain*
	* Hast und Ungeduld	*Impatiens*
	* Trauma	*Rescue oder Star of Bethlehem*
Erröten	* Scham, Schüchternheit	*Mimolus*
Erschöpfung	* körperlich, Überlastung	*Oak*
	* mental, braucht neue Energie	*Hornbeam*
	* körperlich und geistig oder nach Krankheiten, Rekonvaleszenz	*Olive*
	* nervös, mit Belastungen im Bereich der Psyche	*Cherry Plum*
	* nach einem Trauma oder unangenehmen Erlebnis	*Rescue + Gentian + Olive*
	* unerklärliche Depression	*Mustard*
	* Apathie, Resignation	*Wild Rose*
Fieber	* bis der Arzt kommt	*Rescue + Hornbeam*
	* mit Juckreiz wegen Hautkrankheit	*Rescue + Agrimony + Crab Apple und Rescue Cream*
	* mit tiefer Erschöpfung	*Rescue + Olive*
	* mit Gliederschmerzen	*Rescue* + je nach Typ: *Beech, Vine, Water Violet, Rock Water, Pine, Vervain*
Fläschchen	* kann sich nicht lösen	*Red Chestnut + Walnut + Honeysuckle*
	* ...will aber nicht, daß man es weiß	zusätzlich + *Agrimony*
Gefräßigkeit	* Bedürfnis nach Zuneigung	*Heather Chicory*
	* Wut	*Holly*
	* innere Qual, wird zur Sucht	*Agrimony*
	* Unzufriedenheit	*Wild Oat*
	* schlechte Gewohnheit	*Walnut*

Störung	Gegebenheit / Ursache	Blütenmittel
Geheimnisse	* liebt Geheimnisse	*Aspen*
	* liebt die Zukunft	*Clematis*
Gehör	* Hörstörungen	*Clematis*
	* Hör- und Gleichgewichtsstörungen	*Scleranthus*
Gelbsucht	* zum Reinigen und Überwinden	*Rescue + Crab Apple + Olive*
Gerüche	* verursachen Ekel	*Mimolus*
	* schmutziges Gefühl	*Crab Apple*
Geschenke	* mißt ihnen viel Bedeutung bei	*Chicory*
	* als Erpressung	*Chicory*
	* will genau die gleichen G. wie die anderen	*Cerato*
	* will immer dasselbe	*Chestnut Bud*
	* sehr empfänglich, wagt aber nicht darum zu bitten	*Centaury*
	* schenkt gerne anderen	*Agrimony*
	* verlangt sie	*Heather*
Gleichgewicht	* verliert G., Kopf dreht sich Stimmungsschwankungen, Hochs und Tiefs, Wechsel	*Scleranthus*
	* verliert G., fällt auch vom Stuhl, da zerstreut	*Clematis*
	* stößt sich, weil hyperaktiv	*Impatiens*
Hals	* Kloß im Hals	*Aspen, Water Violet, Star of Bethlehem, Centaury, Mustard, Mimolus, Rock Rose*
Haß	* Wut, Neid, Eifersucht	*Holly*
	* Groll, Feindseligkeit	*Willow*
	* auf sich selbst	*Pine*
	* auf sich selbst und Gefühl des Schmutzes	*Crab Apple*
Hyperaktiv	* immer in Eile	*Impatiens*
	* angespannt, manchmal manische Bewegungen, mental erregt	*Cherry Plum*
	* fixe Ideen	*White Chestnut*
	* mitreißend, übertreibt und mißbraucht seine Energie	*Vervain*

Störung	Gegebenheit / Ursache	Blütenmittel
	* arbeitet viel, hart, beklagt sich nicht	*Oak*
	* hat viel zu tun	*Elm*
	* Wut im Bauch, zerstört, begehrt auf	*Holly*
Hysterie	* Anspannung, mit plötzlichen Wutausbrüchen	*Cherry Plum*
	* will mehr Beachtung	*Chicory*
	* wütend	*Holly*
	* Angst, Panik	*Rock Rose* *Star of Bethlehem* besser noch *Rescue*
Impulsivität		*Impatiens* *Vervain*
Kolitis	* Angst	*Aspen oder Mimolus*
	* Unwohlsein, da übertrieben heikel beim Essen	*Crab Apple*
Kopf-schmerzen	* macht sich zu viele Gedanken	*White Chestnut*
	* fühlt sich unbehaglich, unterlegen	*Pine*
	* zuviel Fernsehen oder Musik, schwerer Kopf, auch bei Fieber	*Pine*
Krankheit, allgemein	* will mehr Beachtung	*Heather, Willow* *Chicory*
	* zyklisch	*Chestnut Bud*
	* heilt langsam	*Clematis, Wild Rose*
	* optimistische Einstellung	*Agrimony*
	* Angst	*Aspen, Mimolus* *Crab Apple*
	* Exanthem	*Rescue + Crab Apple + Agrimony*
	* mit Katarrh	*Crab Apple*
	* sehr schwächend	*Olive*
	* chronisch	*Gorse*
	* scheint sich nie aufzulösen	*Star of Bethlehem*

Störung	Gegebenheit / Ursache	Blütenmittel
Langeweile	* mit Apathie	*Wild Rose*
	* für die Gegenwart	*Aspen*
	* wiederholt immer dasselbe	*Chestnut Bud*
	* weil es die anderen kopiert	*Cerato*
	* hat keine echten Interessen	*Wild Oat*
	* langweilt die anderen, geschwätzig	*Heather*
Launen	* bei heftigen Wutanfällen und Geschrei	*Cherry Plum*
	* macht alles kaputt, stampft mit den Füßen	*Holly*
	* jammert, weil es immer gewinnen will	*Chicory*
	* Despot	*Vine*
Logorrhoe	* redet immer und unüberlegt	*Heather*
Lymph-knoten-schwellung	* mit vergößerten Drüsen	*Wild Oat*
	* blaß, energielos	*Wild Rose*
Macho	* ausgeprägtes Gefühl der Überlegenheit	*Vine*
Menstruation	* Angst vor der ersten M.	*Mimolus*
	* unreines, schmutziges Gefühl	*Crab Apple*
	* schmerzhaft	*Star of Bethlehem*
	* erschreckend	*Rock Rose*
	* wird verheimlicht, aus Angst	*Aspen*
Mißtrauen	* mit Feindseligkeit	*Holly*
	* mit Kritik	*Beech*
	* mit Pessimismus	*Willow*
	* Angst vor Neuem	*Mimolus*
	* mangelndes Selbstvertrauen	*Larch*
Monster	* Angst vor Toten	*Rock Rose + Aspen*
	* Faszination und Angst vor Monstern	*Aspen*
	* als reell empfunden	*Mimolus*
Morgen	* wacht schwer auf	*Hornbeam*
	* wacht sofort auf mit Angst	*Aspen*
	* will nicht zur Schule gehen	*Honeysuckle*
Mundfäule		*Rescue + Crab Apple* mit einem halben Glas Wasser spülen

Störung	**Gegebenheit / Ursache**	**Blütenmittel**
Mutter	* löst sich nicht von der Mutter	*Walnut + Red Chestnut*
	* Sehnsucht	*Honeysuckle*
	* macht nichts ohne sie	*Larch + Cerato*
	* Angst, daß sie stirbt	*Aspen + Red Chestnut*
	* erdrückend, wagt nicht, nein zu ihr zu sagen	*Centaury*
Nacht	* entsetzliche Angst	*Rock Rose + Aspen*
Naschen	* heimlich	*Agrimony + Walnut*
	* anderes Essen interessiert nicht	*Wild Rose*
	* Leere füllen, Langeweile	*Wild Oat*
Neid	* im reinen Zustand	*Holly*
	* die anderen werden schlecht kopiert	*Cerato*
Nörgeln	* nichts ist recht	*Gentian + Willow*
	* kritisiert die anderen	*Beech*
	* legt alles Punkt für Punkt dar	*Rock Water*
	* langweilig, repetitiv	*Chestnut Bud*
Notfall	* in Erwartung der Behandlung	*Rescue oder Rock Rose*
Ohren	* Gleichgewichtsstörungen	*Scleranthus*
	* laute Geräusche stören	*Mimolus*
	* Krankheiten durch Überempfindlichkeit	*Clematis*
Perfektionismus	* bei sich selbst, unflexibel	*Rock Water*
	* penibel und pedantisch	*Crab Apple*
	* bei anderen gesucht	*Beech*
	* kleinlich und naseweis	*Chicory*
Pessimisten	* mangelndes Selbstvertrauen	*Cerato*
	* Gefühl des Versagens	*Larch*
	* Entmutigung, Zweifel	*Gentian*
	* dumpfer Groll	*Willow*
Pickel	* zur Reinigung	*Crab Apple*
	* als »schmutzig« empfunden	*Crab Apple*
	* unterdrückte Wut	*Holly*
	* »Vulkanausbruch«	*Impatiens*

Störung	Gegebenheit / Ursache	Blütenmittel
Qual	* nervöse Ursache	*Cherry Plum*
	* innere Qual, hinter einer fröhlichen Maske	*Agrimony*
	* Eifersucht	*Chicory*
	* quält die anderen	*Vine*
	* bestraft sich selbst	*Pine*
Ruhe	* exzessiv oder bei Schlafsucht	*Clematis*
	* matt, interesselos	*Wild Rose*
	* Unterwürfigkeit, Mitläufer	*Centaury*
	* Resignation	*Gorse*
Schläfrigkeit	* wenig gegenwärtig	*Clematis*
	* apathisch, energielos	*Wild Rose*
	* steht morgens schwer auf	*Hornbeam*
	* sehr müde odet geschwächt durch Krankheit	*Olive*
	* passiv, unzufrieden	*Wild Oat*
Schlaf-störungen	* Angst vor Dunkelheit, Gespenstern	*Aspen*
	* kann nicht abschalten	*White Chestnut*
	* hyperaktiv und frenetischer Rhythmus	*Impatiens oder Vervain*
	* Melancholie	*Mustard*
	* Heimweh	*Honeysuckle*
	* verborgene Qual	*Agrimony*
	* starke nervöse Spannung	*Cherry Plum*
	* Angst, an etwas schuld zu sein	*Pine*
	* will mehr Beachtung	*Heather*
	* Groll	*Willow*
Schmerzen	* Wachstum	*Elm*
	* unbekannte Ursache	*Pine*
	* Steifheit, einschätzen ob	*Beech* *Rock Water* *Water Violet* *Vine*
	* Streß, einschätzen ob	*Vervain* *Oak* *Elm*

Störung	Gegebenheit / Ursache	Blütenmittel
	* simuliert	*Willow*
		Chicory
		Heather
Schreck	* im Augenblick des Schrecks	*Rescue oder Rock Rose*
	* nach einem Schreck	*Star of Bethlehem*
	* wegen etwas, das einem bevorsteht	*Rescue + Larch + Gentian*
Schule	* erster Schultag	*Honeysuckle + Walnut*
	* Angst vor der Schule	*Mimolus*
	* müde wegen zuviel Arbeit	*Elm*
	* kein Selbstvertrauen	*Larch*
	* zerstreut im Unterricht	*Clematis*
	* lernt mühsam, wiederholt Fehler	*Chestnut Bud*
	* verlangt immer Bestätigung	*Cerato*
	* kann sich nicht zur Geltung bringen	*Centaury*
	* geht auch hin, wenn es krank ist	*Oak*
Schwierigkeiten	* beim Lernen	*Chestnut Bud*
	* bei bekannter Ursache (Frühgeburt, Down-Sndrom, mehr oder weniger schwere Behinderung)	*Chestnut Bud*
	* neue Vorschläge zu akzeptieren	*Mimolus + Larch*
	* Sprache, wegen Angst	*Aspen*
	* Sprache, wegen nervöser Spannung	*Cherry Plum*
	* Sprache, wegen Unreife	*Chestnut Bud*
	* Sprache, weil zu hastig, will alles überstürzen	*Impatiens*
Spannung	* unter Kontrolle gehalten, kann aber explosiv sein	*Cherry Plum*
	* Eile, hoher Rhythmus	*Impatiens*
	* Energieverschwendung, um die anderen zu überzeugen	*Vervain*
	* hält Emotionen zurück und isoliert sich von den anderen	*Water Violet*
	* will sich als Herr aufspielen	*Vine*
	* innere Spannung, vor den anderen verheimlicht	*Agrimony*
	* macht sich Sorgen um andere	*Red Chestnut*

Störung	Gegebenheit / Ursache	Blütenmittel
	* ist ängstlich, warnend	*Aspen*
	* will Beispiel sein	*Rock Water*
	* will angehört werden	*Heather*
Stimme	* matt, wie blockiert	*Star of Bethlehem*
	* leise oder süß: ein Stimmchen	*Water Violet*
	* sehr laut, fest, Rednerstimme	*Vervain*
	* schrill, hysterisch	*Holly oder Cherry Plum*
	* blockiert vor innerer Angst	*Aspen*
	* leise aus Schüchternheit, flüstert	*Mimolus*
	* kommt nicht heraus, gelähmt	*Rock Rose*
	* hart und endgültig, die Stimme eines Anführers	*Vine*
Stottern	* Schüchternheit	*Mimolus*
	* innere Spannung	*Cherry Plum*
	* kein Selbstvertrauen	*Larch*
	* Hast, hoher Rhythmus	*Impatiens*
Tod	* Angst	*Aspen*
	* eines lieben Menschen	*Gentian, Gorse*
	* abgrundtief verzweifelt	*Sweet Chestnut*
	* auf dem Totenbett	*Honeysuckle + Gorse*
	* Wahnvorstellungen	*Rock Rose*
	* den man miterlebt	*Rescue*
Tritt, Stoß	* für blaue Flecken	*Rescue Cream*
	* für den Schreck	*Rescue*
Ungeduld	* kann nichts zu Ende bringen	*Chestnut Bud*
	* als Grundeigenschaft	*Impatiens*
Verände-rungen	* wegen der Schwierigkeiten, die diese mit sich bringen	*Walnut*
	* falls auch Heimweh	*+ Honeysuckle*
Verlassen-werden	* Angst, verlassen zu werden	*Red Chestnut*
	* wurde wirklich verlassen	*Star of Bethlehem*
Versagen	* gerade durchgemacht	*Gentian, Gorse*
	* fühlt sich immer als Versager	*Larch*
	* in der Vergangenheit, von dem es sich nicht erholt	*Star of Bethlehem*
	* momentaner Eindruck wegen zuviel Verantwortung	*Elm*

Weinen	* hysterisch, unbeherrschbar	*Cherry Plum*
	* wütend, zornig	*Holly*
	* launisch, jammernd	*Chicory*
	* leise und ergeben	*Star of Bethlehem*
	* resigniert	*Wild Rose*
	* aus Erschöpfung, müde	*Olive*
	* will von allen Beachtung	*Heather*
	* enttäuschte Erwartungen	*Vervain*
	* still, heimlich	*Water Violet*
	* weil es sich schuldig fühlt oder beschuldigt wurde	*Pine*
	* innere Qual, die man zu verniedlichen sucht	*Agrimony*
Wirrkopf	* zu aktiv und hastig	*Impatiens*
	* zerstreut	*Clematis*
	* zerstreut und lernt nichts	+ *Chestnut Bud*
	* Übertreibung und eigenes Engagement	*Vervain*
	* unentschlossen	*Scleranthus*
	* fängt tausend Dinge an, führt sie aber nie zu Ende, passiv	*Wild Oat*
	* mangelndes Selbstvertrauen	*Cerato*
Wut	* offen	*Holly*
	* dumpf, unterdrückt	*Willow*
Zahnen	* Zahndurchbruch	*Walnut*
	* Schmerzen, Qual	+ *Agrimony*
	* bei Erschöpfung	+ *Olive*
Zerstreutheit	* schwebt in den Wolken	*Clematis*
	* weil es nicht lernt	*Chestnut Bud*
	* mentale Müdigkeit	*Hornbeam*
	* wenig Interesse	*Wild Oat* + *Wild Rose*

Bilder von Kindern zwischen drei und sechs Jahren

Ich möchte hier absichtlich keine Kommentare zu den Abbildungen geben, denn der Leser – oder besser, der Betrachter – soll auf seine Intuition hören und jede mögliche Gegenüberstellung vermeiden: er soll die Einzigartigkeit von Licht und Schatten erfassen, die jedes Bild heraufbeschwört – unter Respektierung der Individualität jeder Seele.

FEDERICA

CAMILLA

TOMMASO